파이썬을 활용한 네트워크 프로그래밍

파이썬을 활용한 네트워크 프로그래밍

개발자와 관리자를 위한 효율적인 네트워크 애플리케이션 개발

파루크 사커 지음 | 박영훈 옮김

[PACKT] PUBLISHING · 에이콘

BIRMINGHAM - MUMBAI - SEOUL

지은이 소개

파루크 사커M. O. Faruque Sarker

소프트웨어 아키텍트이자 DevOps 엔지니어로 유니버시티 칼리지 런던UCL, University College London에서 교편을 잡고 있다. 최근 몇 년 동안 수많은 파이썬 관련 개발 프로젝트를 이끌었으며, 대표적인 예로 UCL에서 IPython Notebook 서비스를 이용해 대화형 웹 기반 과학 계산 프레임워크를 구현했다. 사커 박사는 오픈소스 기술에 관한 전문가로 이러닝e-learning, 웹 기반 애플리케이션 플랫폼, 애자일 소프트웨어 개발, DSDM Atern과 ITIL 서비스 관리 프레임워크 같은 IT 서비스 관리 기법에 대한 기술을 보유하고 있다.

사커 교수는 사우스 웨일스 대학University of South Wales에서 멀티로봇multirobot 시스템에 관한 논문으로 박사 학위를 받았다. 이 대학에서 다양한 파이썬 오픈소스 프로젝트를 도입해, 영국에서 가장 큰 멀티로봇 테스트 실험장을 위해 복잡한 기반 소프트웨어들을 통합했다. 또한 멀티로봇 그룹을 조종하기 위해 HEADhybrid event-driven architecture on D-Bus라고 불리는 소프트웨어 시스템을 설계하고 구현했다. 또한 1999년 이후로 여러 회사, 교육 기관, 다국적 컨설팅 회사에 리눅스와 오픈소스 소프트웨어를 배포해왔다. 또한 BlueZ와 Tahoe-LAFS 오픈소스 프로젝트에 기여한 공로를 인정받아 2009/2010 GSoCGoogle Summer of Code 2009/2010 프로그램에 초대됐다.

사커 박사는 현재 자기 조직화 클라우드 구조 연구에 관심이 많다. 여가 시간에는 어린 딸인 아이샤Ayesha와의 시간을 즐기며, 아동이 자신의 주변 환경에 적응해 자신감을 가질 수 있게 도와주는 아동 중심적 교육 기법을 배우기를 열망한다.

이 책을 출간하는 데 도움을 준 모두에게 감사를 전하고 싶다. 특히 출판사, 감수자, 편집자, 친구, 그리고 나의 가족, 그중에서도 아내 샤히너 류아니가 집필 과정에서 보여준 사랑과 지원에 감사하고 싶다. 또한 참을성 있게 이 책을 기다려주고 소중한 수많은 피드백을 준 독자들에게 감사드린다.

기술 감수자 소개

아메드 솔리만 파갈 Ahmed Soliman Farghal

사업가이자 소프트웨어 시스템 개발자이며, 확장 가능한 애플리케이션 설계, 중대 핵심 시스템, 비동기 데이터 분석론, 소셜 네트워크 설계, 분산 응답 시스템, 시스템 관리 및 설계 같은 다양한 경력을 갖추고 있다. 또한 분산 컴퓨터 기반의 가상 연구실에서 기술 특허를 출원했으며 대규모 기업 고객을 위한 방대한 대용량 분산 시스템을 설계했다.

열정적인 소프트웨어 개발자로서 10가지가 넘는 프로그래밍 언어를 다뤘으며, 현재는 파이썬, 루비Ruby, 스칼라Scala를 이용해 고객을 위한 애플리케이션을 설계하고 구현하느라 바쁜 시간을 보내고 있다. 또한 오픈소스 에반젤리스트이자 활동가로서, 웹상에서 여러 오픈소스 프로젝트에 기여하거나 관리했다.

클라우드 나이너스 주식회사Cloud Niners Ltd.의 공동 창업자이기도 하다. 클라우드 나이너스는 확장 가능한 클라우드 기반 애플리케이션을 주로 개발하는 소프트웨어 개발 회사이며, 중동과 아프리카 지역의 고객들에게 다양한 플랫폼과 기술을 이용해 클라우드 서비스를 제공해왔다.

몇 사람에게 이 지면을 빌려 간단히 감사를 표하고 싶다. 그들을 만나고 같이 일하면서 내 인생이 뒤바뀌었다. 내 개인적인 생활과 경력에 미친 그들의 지원, 도움, 영향력을 일일이 열거할 수는 없지만 언제나 깊이 감사하고 있음을 알리고 싶다.

또한 아버지인 솔리만 파갈 교수에게 감사를 전하고 싶다. 아버지는 내가 말을 제대로 떼기 전부터 제대로 된 컴퓨터 환경을 접할 수 있도록 기회를 계속 제공해줬다. 또한 언제나 깊은 영감과 도움을 준 나의 아내 시나 시블에게도 감사를 전한다.

비쉬루트 메타 Vishrut Mehta

지난 2년 동안 오픈소스 개발 프로젝트에 참여했으며 사하나 소프트웨어 재단 Sahana Software Foundation이나 그놈GNOME, E-cidadania 같은 다양한 기관에서 헌신적으로 일했다. 작년 여름에는 GSoCGoogle Summer of Code에도 참여했다.

또한 구글 코드인Google Code-In 콘테스트의 조직 관리자로 일했으며, 기타 오픈소스 프로그램에도 열정적으로 관여했었다.

IIT 하이데라바드Hyderabad 대학에서 복수 전공을 했으며, 바수데바 바마Vasudeva Varma 박사 지도하에 클라우드 컴퓨팅, 분산 시스템, 빅데이터, 소프트웨어 정의 네트워크SDN, Software Defined Networks에 관한 연구를 수행 중이다.

내 길을 제시해주고 많은 도움을 준 벤카테쉬 초펠라 박사와 바수데바 바마 박사에게 감사를 전하고 싶다. 또한 GSoC에서 나를 지도해준 패티리카 트레셀에게도 감사를 전하고 싶다.

톰 스티븐스 Tom Stephens

10년 가까이 소프트웨어를 개발했으며, 현재는 덴버 시에서 스마트카드, 암호학, RFID와 관련된 임베디드 시스템 개발 작업을 수행하고 있다. 임베디드 가상 머신 부터 웹 UX/UI 디자인, 기업 BI Business Intelligence 플랫폼에 이르는 광범위한 분야 에서 경험을 축적했다. 최소한의 노력으로 더 나은 제품을 생산하기 위한 지능형 테스트 기법이나 진화형 개발 기법 같은 소프트웨어 설계 기법에 큰 관심을 갖고 있다.

디팍 수크랄 Deepak Thukral

여러 언어에 능통하며 다양한 파이썬 관련 오픈소스 프로젝트에 기여하고 있다. 인도에서 유럽으로 이주했으며, 여러 회사의 플랫폼을 파이썬을 이용해 분석하는 데 도움을 주는 작업을 했다.

옮긴이 소개

박영훈(wegaia@hanmail.net)

한국과학기술원 전산학과를 졸업한 후, 다수의 회사에서 리눅스, 윈도우 관련 프로젝트 매니저로 일했다. 현재는 프리랜서로서 스마트폰 애플리케이션과 윈도우 애플리케이션 개발, 그리고 이와 연관된 웹사이트 구축 작업을 하고 있다.

번역서로 에이콘출판사에서 출간한 『엑스코드를 이용한 아이패드 개발 24시간 만에 끝내기』(2012), 『코드이그나이터 MVC 프로그래밍』(2013), 『iOS 컴포넌트와 프레임워크 실전 프로그래밍』(2014)이 있다.

옮긴이의 말

파이썬은 무엇을 개발하느냐에 따라 다르겠지만, C/C++보다 빠르게 개발할 수 있는 좋은 프로그래밍 언어입니다. 처음 배우는 사람도 파이썬으로 다양한 프로그래밍 개념을 습득할 수 있고, 개발자에게는 프로토타입이나 필요한 도구를 만들 때 파이썬이 대안이며, 필요한 경우 다른 언어로 만들어진 모듈과 통합할 수 있는 등 여러모로 장점을 가진 언어입니다. 촌각을 다투는 작업이라면 파이썬만큼 적합한 언어가 없으며, 실제로 속도와 효율성을 중시하는 네트워크 관리 및 보안 분야에서 많이 활용하고 있습니다.

예전에도 지금도 변함없는 사실은 어떤 언어이든 입문서를 본 후에 실무에서 활용할 만한 자료를 찾아보기가 힘들다는 점입니다. 어느 분야도 마찬가지이겠지만 특히 네트워크 프로그래밍이라면 어떨까요? 네트워크 프로그래밍 분야에서 손에 꼽힐 만한 대표적인 책이 있습니다. C라면 리차드 스티븐스의 『Unix Network Programming』 시리즈가 있고, 파이썬에 관한 책도 여러 권이 있습니다. 하지만 무엇보다도 파이썬 네트워크 프로그래밍에 관해 잘 알려진 공개 라이브러리와 연동한 경험이 많고 경험이 풍부한 분이 쓴 책이 있으면 얼마나 좋을까요? 바로 이책 『파이썬을 활용한 네트워크 프로그래밍』을 추천해드립니다.

장황한 이론을 설명하기보다는 실제 경험을 반영하는 것을 중요하게 생각한 저자인 오마르 파루크 사커 교수는 현업에서 바로 사용할 수 있도록 파이썬으로 TCP/IP, HTTP/HTTPS, FTP, SMTP, POP3, IMAP, CGI 등의 다양한 네트워크 프로토콜을 기반으로 구현한 스크립트를 이 책에 수록했으며, 네트워크와 시스템 관리,

웹 애플리케이션 개발, 내부/외부 네트워크 통신, 저수준 네트워크 패킷 캡처와 분석까지 아우르는 내용을 다뤘습니다. 따라서 이 책은 네트워크 애플리케이션을 전문적으로 다루려는 개발자부터 시스템 관리자까지 볼 수 있으며, 필요하면 예제 스크립트를 확장해 여러 가지 상황에 대처할 수 있는 지름길을 제공할 수 있을 것입니다.

박영훈

목차

들어가며

주를 찬양할지어다! 이 책을 출판하게 되어 매우 기쁘며 책의 출판을 위해 힘쓴 모두에게 감사를 전하고 싶다. 이 책은 파이썬을 이용한 네트워크 프로그래밍 입문서로서, TCP/UDP, HTTP/HTTPS, FTP, SMTP, POP3, IMAP, CGI 등 광범위한 네트워크 프로토콜을 다룬다. 파이썬의 편리함과 강력한 기능을 이용하면 네트워크와 시스템 관리, 웹 애플리케이션 개발, 내부 혹은 원격 네트워크와 통신, 저수준 네트워크 패킷 캡처와 분석 등의 실제 작업을 수행하기 위한 다양한 스크립트 개발에 즐거움과 재미를 선사한다. 이 책에서 가장 중요하게 생각하는 부분은 여러 주제에 관한 실제 경험을 제공하는 것이다. 그러므로 이 책에서는 장황한 이론에 대한 설명보다는 실무적인 예제에 더 많은 지면을 할애하고 있다.

이 책은 개발자가 소프트웨어 운영에도 어느 정도 관여하는 데브옵스DevOps 방법론으로 썼다. 즉 애플리케이션 배포에서부터 애플리케이션의 다양한 측면 관리, 즉 원격 서버 관리, 모니터링, 애플리케이션의 스케일링, 성능 최적화 같은 작업에 개발자가 관여한다. 이 책에서는 많은 공개 파이썬 라이브러리를 사용했으며, 다양한 상황에서 이런 라이브러리를 유용하게 쓸 수 있다. 나는 데브옵스 작업 자동화 재미를 즐기기 위해 매일 이런 많은 라이브러리를 사용한다. 예를 들어 `fabric`을 이용해 소프트웨어 배포 업무를 자동화하거나 그 밖의 라이브러리를 이용해 인터넷 검색, 웹 데이터 수집, 이메일 전송 등의 다양한 기능을 구현하고 있다.

독자 여러분이 이 책에서 설명한 예제들을 학습해 더 강력하고 즐거운 애플리케이션으로 확장하기를 희망한다.

이 책의 구성

1장, 소켓, IPv4, 간단한 클라이언트/서버 프로그래밍 파이썬의 핵심 네트워킹 라이브러리를 다양한 작은 예제들과 함께 소개하여 첫 클라이언트/서버 애플리케이션을 생성할 수 있다.

2장, 더 나은 성능을 위한 소켓 I/O 멀티플렉싱 내장 라이브러리와 외부 라이브러리를 사용해 여러분의 클라이언트/서버 애플리케이션을 확장할 수 있는 여러 가지 유용한 기술을 설명한다.

3장, IPv6, 유닉스 도메인 소켓, 네트워크 인터페이스 여러분 자신의 컴퓨터와 LAN 관리 기법에 더 중점을 둔다.

4장, HTTP 프로그래밍 웹 폼 제출, 쿠키 처리, 분할 다운로드 관리, 데이터 압축, HTTPS를 통한 보안 컨텐츠 서비스 같은 여러 기능을 갖는 작은 웹 브라우저를 명령행에서 구현한다.

5장, 이메일, FTP, CGI 프로그래밍 FTP나 구글 지메일 계정을 조작하고, 스크립트를 이용해 이메일을 읽거나 전송해보고, 웹 애플리케이션에서 사용할 수 있는 방명록 같은 이메일 작업을 자동화하는 시간을 가져본다.

6장, 스크린 스크래핑과 기타 유용한 애플리케이션 예로 구글 지도에서 회사의 위치를 찾아내거나 위키피디아Wikipedia에서 정보를 가져오기, 깃허브GitHub의 코드 저장소에서 검색하거나, BBC 사이트에서 뉴스를 읽는 몇몇 실제 작업을 하는 여러 파이썬 라이브러리를 소개한다.

7장, 네트워크상의 원격 관리 작업 프로그래밍 SSH를 이용해 시스템 관리와 배포 작업의 자동화를 맛볼 기회를 제공한다. 여러분의 노트북에서 원격으로 명령을 실행하고, 패키지를 설치하거나 새로운 웹사이트를 설정할 수 있다.

8장, 웹 서비스 API로 작업하기(XML-RPC, SOAP, REST) XML-RPC, SOAP, REST 방식을 이용해 사용할 수 있는 여러 가지 API 서비스를 소개한다. 웹사이트 또는 웹 서비스에 정보를 요청하거나 통신하도록 프로그래밍할 수 있으며, 예로 아마존 Amazon이나 구글에 제품을 검색하는 프로그래밍도 해본다.

9장, 네트워크 감시와 보안 네트워크 패킷을 획득하고, 저장, 분석, 조작할 수 있는 기술을 소개한다. 나중에 간결한 파이썬 스크립트를 이용해 여러분이 네트워크의 보안 관련 문제를 스스로 점검할 수 있다.

준비물

우분투Ubuntu, 데비안Debian, 센트OSCentOS 같은 최신 리눅스 OS가 설치된 PC나 노트북이 있으면 좋다. 이 책의 예제 대부분은 윈도우나 매킨토시 OS에서도 실행 가능하다.

각 예제에서 언급하는 외부 라이브러리를 설치하려면 인터넷 연결도 필요하다. 인터넷이 연결되어 있지 않다면, 이 라이브러리들을 따로 다운로드해 한꺼번에 설치할 수 있다.

다음 목록은 이 책에서 사용하는 외부 라이브러리이며, 다운로드할 수 있는 URL을 같이 소개한다.

- **ntplib**: https://pypi.python.org/pypi/ntplib/
- **diesel**: https://pypi.python.org/pypi/diesel/
- **nmap**: https://pypi.python.org/pypi/python-nmap
- **scapy**: https://pypi.python.org/pypi/scapy
- **netifaces**: https://pypi.python.org/pypi/netifaces/
- **netaddr**: https://pypi.python.org/pypi/netaddr
- **pyopenssl**: https://pypi.python.org/pypi/pyOpenSSL
- **pygeocoder**: https://pypi.python.org/pypi/pygocoder

- pyyaml: https://pypi.python.org/pypi/PyYAML

- requests: https://pypi.python.org/pypi/requests

- feedparser: https://pypi.python.org/pypi/feedparser

- paramiko: https://pypi.python.org/pypi/paramiko/

- fabric: https://pypi.python.org/pypi/Fabric

- supervisor: https://pypi.python.org/pypi/supervisor

- xmlrpclib: https://pypi.python.org/pypi/xmlrpclib

- SOAPpy: https://pypi.python.org/pypi/SOAPpy

- bottlenose: https://pypi.python.org/pypi/bottlenose

- construct: https://pypi.python.org/pypi/construct/

몇몇 예제 실행에 필요한 비 파이썬 소프트웨어는 다음과 같다.

- postfix: http://www.postfix.org/

- openssh 서버: http://www.openssh.com/

- mysql 서버: http://downloads.mysql.com/

- apache2: http://httpd.apache.org/download.cgi

대상 독자

만약 여러분이 네트워크 프로그래머이거나 시스템/네트워크 관리자, 웹 애플리케이션 개발자라면 이 책은 여러분에게 안성맞춤이다. 독자는 기본적으로 파이썬 언어와 TCP/IP 네트워크의 개념에 친숙해야 한다. 하지만 입문자라면 이 책을 읽으면서 익힐 수도 있을 것이다. 대학에서 네트워크 프로그래밍의 실제적인 기술을 익히는 데 사용할 보조 교재로도 활용할 수 있다.

편집 규약

이 책에서는 정보의 유형에 따라서 텍스트의 스타일이 바뀐다. 각 스타일은 다음과 같은 의미를 지닌다.

문장 속에 나오는 코드, 데이터베이스 테이블 이름, 사용자 입력은 다음과 같이 표기한다.

"외부 기계의 IP 주소를 알고 싶다면 내장 함수인 gethostbyname()을 이용할 수 있다."

코드 블록은 다음과 같이 표기한다.

```
def test_socket_timeout():
    s = socket.socket(socket.AF_INET, socket.SOCK_STREAM)
  print "Default socket timeout: %s" %s.gettimeout()
  s.settimeout(100)
  print "Current socket timeout: %s" %s.gettimeout()
```

명령행 입력이나 출력은 다음과 같이 기술한다.

```
$ python 2_5_echo_server_with_diesel.py --port=8800
[2013/04/08 11:48:32] {diesel} WARNING:Starting diesel <hand-rolled
select.epoll>
```

 주의사항이나 중요한 정보는 이와 같은 상자에 넣어 표기한다.

 간단한 힌트와 요령은 이렇게 표기한다.

독자 의견

책을 읽는 독자 여러분의 의견은 언제든지 환영한다. 이 책을 어떻게 생각하는지 부담 없이 이야기해준다면 좋겠다. 더 유익한 책을 만드는 데 있어 독자의 의견은 무엇보다 중요하다.

일반적인 의견은 이 책의 제목을 메일 제목으로 해서 feedback@packtpub.com 으로 보내면 된다.

특정 분야의 책을 쓰거나 기여하는 데 관심이 있다면 www.packtpub.com/authors에 있는 저자 가이드를 참조하기 바란다.

고객 지원

팩트 출판사의 구매자가 된 독자에게 도움이 되는 몇 가지를 제공하고자 한다.

예제 코드 다운로드

http://www.packtpub.com에 회원 가입하여 팩트 출판사의 도서를 구매한 모든 독자는 책에 등장하는 예제 코드 파일을 직접 내려받을 수 있다. 다른 곳에서 도서를 구매한 독자는 http://www.packtpub.com/support에 회원 가입해 예제 코드 파일을 이메일로 직접 받아볼 수 있다. 에이콘출판사의 도서정보 페이지 http://www.acornpub.co.kr/book/python-network-programming에서도 예제 코드를 내려받을 수 있다.

오탈자

내용을 정확하게 전달하려고 온 힘을 다했지만, 실수가 있을 수 있다. 팩트 출판사의 책에서 텍스트나 코드상의 문제를 발견해서 알려준다면, 매우 감사하게 생각할 것이다. 그러한 참여를 통해 다른 독자에게 도움을 주고, 다음 버전에서 책을 더 완성도 있게 만들 수 있다. 오자를 발견한다면 http://www.packtpub.com/

submit-errata에서 **errata submission form** 링크를 통해 구체적인 내용을 알려주기 바란다. 보내준 내용이 확인되면 웹사이트에 그 내용이 올라가거나, 해당 서적의 정오표 섹션에 그 내용이 추가될 것이다. http://www.packtpub.com/support에서 해당 타이틀을 선택하면 지금까지의 정오표를 확인할 수 있다. 한국어판은 에이콘출판사의 도서정보 페이지 http://www.acornpub.co.kr/book/python-network-programming에서 찾아볼 수 있다.

저작권 침해

인터넷에서의 저작권 침해는 모든 매체에서 벌어지고 있는 심각한 문제다. 팩트 출판사에서는 저작권과 사용권 문제를 아주 심각하게 인식하고 있다. 어떤 형태로든 팩트 출판사 서적의 불법 복제물을 인터넷에서 발견한다면 적절한 조치를 취할 수 있게 해당 주소나 사이트명을 알려주길 부탁한다.

의심되는 불법 복제물의 링크를 copyright@packtpub.com으로 보내주기 바란다.

저자와 더 좋은 책을 위한 팩트 출판사의 노력을 배려하는 마음에 깊은 감사의 마음을 전한다.

질문

이 책에 관련된 질문이 있다면 questions@packtpub.com으로 문의하기 바란다. 온 힘을 다해 질문에 답해드리겠다. 한국어판에 관한 질문은 이 책의 옮긴이나 에이콘출판사 편집팀(editor@acornpub.co.kr)으로 문의할 수 있다.

1

소켓, IPv4, 간단한
클라이언트/서버 프로그래밍

1장에서 다루는 내용은 다음과 같다.

- 자신의 컴퓨터 이름과 IPv4 주소 출력

- 외부 컴퓨터의 IP 주소 가져오기

- IPv4 주소를 다른 포맷으로 변환

- 주어진 포트 번호와 프로토콜 정보로 서비스 이름 찾기

- 호스트 컴퓨터와 네트워크 바이트 순서에 맞게 정수를 변환하기

- 기본 소켓 타임아웃 값을 설정하거나 얻기

- 소켓 에러를 간결하면서도 자연스럽게 처리하기

- 소켓의 전송/수신 버퍼 크기 변경

- 소켓의 블로킹/논블로킹 모드 변경

- 소켓 주소 재사용

- 인터넷 시간 서버로부터 현재 시간을 얻은 후 출력

- SNTP 클라이언트 작성

- 간단한 에코 클라이언트/서버 애플리케이션 작성

소개

1장에서는 몇몇 예제를 통해 파이썬의 핵심 네트워크 라이브러리를 소개한다. 파이썬의 socket 모듈은 클래스 기반과 인스턴스 기반의 유틸리티를 모두 갖는다. 클래스 기반 방식과 인스턴스 기반 방식의 차이점은 전자인 경우 소켓의 객체가 필요하지 않다는 점이다. 클래스 기반 방식은 매우 직관적이다. 예를 들어 컴퓨터의 IP 주소를 출력할 때는 소켓 객체를 군이 생성할 필요가 없다. 대신에 소켓의 클래스 기반 메소드를 호출하면 된다. 반면 서버로 데이터를 전송해야 할 경우에는 소켓 객체를 생성해 통신 작업을 처리하는 편이 더 자연스럽다. 이번 장에서 설명할 예제는 다음과 같이 3개의 그룹으로 나눌 수 있다.

- 처음 몇 가지 예제에서는 호스트 컴퓨터, 네트워크, 대상 서비스에 대한 정보를 추출하기 위해 socket 모듈의 클래스 기반 메소드를 사용한다.
- 그 이후의 몇몇 예제에서는 인스턴스 기반 메소드를 사용한다. 소켓의 타임아웃, 버퍼 크기, 블로킹 모드 등 소켓상에서 공통적으로 수행하는 작업을 처리하는 예를 보여준다.
- 마지막으로 실제로 클라이언트 애플리케이션을 구축하기 위해 클래스 기반, 인스턴스 기반 메소드를 모두 사용한다. 그 예로 인터넷 서버를 연결해 컴퓨터 시간의 동기화 작업을 구현하고, 추가로 일반적인 클라이언트/서버 스크립트를 작성해본다.

자신만의 클라이언트/서버 애플리케이션을 작성하기 위해 제시했던 이런 접근 방식을 사용할 수 있다.

자신의 컴퓨터 이름과 IPv4 주소 출력

가끔은 컴퓨터에 관한 정보, 예로 호스트 이름, IP 주소, 네트워크 카드 숫자 등을 빠르게 찾아내야 할 수 있다. 이것은 파이썬 스크립트를 이용해 쉽게 처리해낸다.

코딩을 시작하기 전에 먼저 파이썬을 컴퓨터에 설치해야 한다. 대부분의 리눅스 배포판에는 파이썬이 이미 포함되어 있다. 마이크로소프트 윈도우 운영체제를 사용하는 경우에는 http://www.python.org/download/에서 설치 파일을 내려받을 수 있다.

자신이 사용하는 OS의 문서를 참고해 파이썬을 설정해야 할 수도 있다. 파이썬을 컴퓨터에 설치한 후에는 명령행에서 python을 입력해 파이썬 인터프리터를 실행할 수 있다. 그러면 다음과 같이 >>>라는 인터프리터의 프롬프트를 보여준다.

```
~$ python
Python 2.7.1+ (r271:86832, Apr 11 2011, 18:05:24)
[GCC 4.5.2] on linux2
Type "help", "copyright", "credits" or "license" for more information. >>>
```

예제 구현

이번 예제는 매우 짧기 때문에 직접 파이썬 인터프리터에 입력해서 결과를 얻을 수 있다.

먼저 파이썬의 socket 라이브러리를 임포트하는 명령을 입력한다.

```
>>> import socket
```

그런 후 다음과 같이 socket 라이브러리의 gethostname() 메소드를 호출해 그 결과를 변수에 저장한다.

```
>>> host_name = socket.gethostname()
>>> print "Host name: %s" %host_name
Host name: debian6
>>> print "IP address: %s" %socket.gethostbyname(host_name)
IP address: 127.0.1.1
```

이 전체 내용을 print_machine_info()라는 독립적인 함수로 감쌀 수 있다.

파이썬의 __main__ 블록에서 이 함수를 호출한다. 파이썬은 실행 시 __name__ 같은 몇몇 내부 변수에 값을 할당한다. 이 예제의 경우 __name__은 호출 프로세스의 이름을 의미한다. 다음과 같이 명령행에서 예제 스크립트를 실행하면 이 __name__ 변수의 값은 '__main__'이 된다. 하지만 만약 이 모듈을 다른 스크립트에서 임포트하여 실행한 상태라면 다른 값이 된다. 즉 명령행으로부터 이 모듈을 호출하면 우리가 작성한 print_machine_info() 함수가 자동으로 실행되지만, 이 스크립트를 별도로 임포트해 실행한 상태라면 사용자는 명시적으로 이 함수를 호출해야 한다.

리스트 1.1 자신의 컴퓨터 정보를 얻는 방법[1]

```python
#!/usr/bin/env python
# Python Network Programming Cookbook -- Chapter - 1
# This program is optimized for Python 2.7.
# It may run on any other version with/without modifications.

import socket

def print_machine_info():
    host_name = socket.gethostname()
    ip_address = socket.gethostbyname(host_name)
    print "Host name: %s" %host_name
    print "IP address: %s" %ip_address

if __name__ == '__main__':
    print_machine_info()
```

이 예제를 실행하려면 예제 파일을 이용해 명령행에서 다음 명령을 입력한다.

$ python 1_1_local_machine_info.py

---

1 파이썬 코드에 한글을 넣을 경우 UTF-8 인코딩 설정이 필요하므로 항상 맨 위에 # -*- Coding: UTF-8 -*-를 추가하면 된다. - 옮긴이

컴퓨터에서는 다음과 같은 결과가 나왔다.

```
Host name: debian6
IP address: 127.0.0.1
```

이 결과는 시스템의 호스트 설정에 따라 다를 수 있다.

import socket 구문은 파이썬의 핵심 네트워크 라이브러리의 하나인 socket을 임 포트한다. 그런 후에 두 유틸리티 함수인 gethostname()과 gethostbyname(host_ name)을 사용한다. 명령행에서 help(socket.gethostname)을 입력하면 이에 대 한 온라인 도움말을 볼 수 있다. 아니면 웹 브라우저에서 http://docs.python. org/3/library/socket.html을 입력할 수 있다. 다음과 같이 함수 설명을 찾을 수 있다.

```
gethostname(...)
    gethostname() -> string
    Return the current host name.

gethostbyname(...)
    gethostbyname(host) -> address
    Return the IP address (a string of the form '255.255.255.255') for a host.
```

첫 번째 함수는 매개변수 없이 현재 호스트의 이름을 반환한다. 두 번째 함수는 호 스트 이름을 단일 매개변수로 받은 후, 그 호스트의 IP 주소를 반환한다.

외부 컴퓨터의 IP 주소 가져오기

때때로 외부 컴퓨터의 호스트 이름에 대응하는 IP 주소로 변환해야 할 때가 있으 며, 예로 빠른 도메인 이름 조회를 들 수 있다. 이번 예제에서는 이 작업을 수행하 는 간단한 함수를 소개한다.

외부 컴퓨터의 IP 주소를 알아내야 할 때 gethostbyname()이라는 내장 함수를 이용할 수 있다. 이런 경우 외부 컴퓨터의 호스트 이름을 매개변수로 전달해야 한다.

이제 예제의 짧은 코드 조각을 들여다보자.

리스트 1.2 외부 컴퓨터의 IP 주소를 얻는 방법

```python
#!/usr/bin/env python
# Python Network Programming Cookbook -- Chapter - 1
# This program is optimized for Python 2.7.
# It may run on any other version with/without modifications.

import socket

def get_remote_machine_info():
    remote_host = 'www.python.org'
    try:
        print "IP address of %s: %s" %(remote_host,
socket.gethostbyname(remote_host))
    except socket.error, err_msg:
        print "%s: %s" %(remote_host, err_msg)

if __name__ == '__main__':
    get_remote_machine_info()
```

위 코드를 실행하면 다음과 같은 결과가 나온다.

```
$ python 1_2_remote_machine_info.py
IP address of www.python.org: 82.94.164.162
```

예제 분석

이 예제에서는 get_remote_machine_info()라는 사용자 정의 함수 안에서 gethostbyname() 메소드를 호출한다. 또한 이 예제에서는 예외exception 처리 개념을 도입했다. 코드에서 볼 수 있듯이 try-except 블록 안에 주요 함수를 감쌌

다. 이것은 이 함수를 실행하는 도중에 에러가 발생하면 try-except 블록 안에서 이 에러를 처리함을 의미한다.

예로 remote_host 변수 값인 www.python.org를 존재하지 않는 호스트 이름(예: www.pytgo.org)으로 변경해보자. 그러면 동일한 명령을 지금 실행한다.

```
$ python 1_2_remote_machine_info.py
www.pytgo.org: [Errno -5] No address associated with hostname
```

try-except 블록이 이 에러를 잡은 후 호스트 이름인 www.pytgo.org와 관련된 IP 주소가 존재하지 않음을 사용자에게 메시지로 보여준다.

IPv4 주소를 다른 포맷으로 변환

저수준의 네트워크 함수를 다루는 경우 IP 주소의 일반적인 문자열 표기 방식은 그다지 쓸모가 없다. 이 문자열을 32비트의 패킷 바이너리 포맷으로 변환해야 한다.

예제 구현

파이썬의 소켓 라이브러리는 여러 가지 IP 주소 포맷을 다룰 수 있는 유틸리티 함수를 갖고 있다. 여기서는 이 중에서 inet_aton()과 inet_ntoa()를 사용한다.

inet_aton() 함수와 inet_ntoa() 함수를 이용해 IP 주소를 변환하는 convert_ip4_address() 함수를 만들어보자. 2개의 간단한 IP 주소인 127.0.0.1과 192.168.0.1을 사용한다.

리스트 1.3 ip4_address_conversion 함수

```python
#!/usr/bin/env python
# Python Network Programming Cookbook -- Chapter - 1
# This program requires Python 2.7 or any later version

import socket
from binascii import hexlify
```

```
def convert_ip4_address():
    for ip_addr in ['127.0.0.1', '192.168.0.1']:
        packed_ip_addr = socket.inet_aton(ip_addr)
        unpacked_ip_addr = socket.inet_ntoa(packed_ip_addr)
        print "IP Address: %s => Packed: %s, Unpacked: %s" %(ip_addr,
hexlify(packed_ip_addr), unpacked_ip_addr)

if __name__ == '__main__':
    convert_ip4_address()
```

자, 이 예제를 실행하면 다음과 같은 결과를 볼 수 있다.

```
$ python 1_3_ip4_address_conversion.py
IP Address: 127.0.0.1 => Packed: 7f000001, Unpacked: 127.0.0.1
IP Address: 192.168.0.1 => Packed: c0a80001, Unpacked: 192.168.0.1
```

예제 분석

이 예제에서는 for-in 문을 이용해 2개의 문자열인 IP 주소를 32비트 바이너리 포맷으로 변환했다. 덧붙여 binascii 모듈의 hexlify 함수를 호출했다. 이 함수는 바이너리 데이터를 16진수 포맷으로 표현할 때 도움을 준다.

주어진 포트 번호와 프로토콜 정보로 서비스 이름 찾기

네트워크 서비스를 찾아보고 싶다면 TCP와 UDP 중 어느 프로토콜을 사용함으로써 어떤 포트에서 무슨 네트워크 서비스를 하는지 조사할 때 도움이 될 수 있다.

준비

네트워크 서비스의 포트 번호를 알고 있다면 소켓 라이브러리의 socket 클래스의 메소드인 getservbyport()를 이용해 서비스 이름을 알아낼 수 있다. 이 함수를 호출할 때 프로토콜 이름을 추가로 제공할 수도 있다.

예로 80, 25 같은 몇 개의 포트를 이용해 호출하는 getservbyport() 함수가 있는 find_service_name() 함수를 정의해보자. 파이썬의 for-in 반복문 요소를 이용할 수 있다.

리스트 1.4 find_service_name 함수

```python
#!/usr/bin/env python
# Python Network Programming Cookbook -- Chapter - 1
# This program is optimized for Python 2.7.
# It may run on any other version with/without modifications.

import socket

def find_service_name():
    protocolname = 'tcp'
    for port in [80, 25]:
        print "Port: %s => service name: %s" %(port,
socket.getservbyport(port, protocolname))

    print "Port: %s => service name: %s" %(53, socket.getservbyport(53,
'udp'))

if __name__ == '__main__':
    find_service_name()
```

이 스크립트를 실행하면 다음과 같은 결과를 볼 수 있다.

$ python 1_4_finding_service_name.py

Port: 80 => service name: http
Port: 25 => service name: smtp
Port: 53 => service name: domain

이 예제에서는 for-in 구문을 이용해 일련의 포트 번호를 순회했다. 지금까지는 각 순회에서 해당 포트를 이용해 대응하는 서비스 이름을 얻어 출력했다.

호스트 컴퓨터와 네트워크 바이트 순서에 맞게 정수를 변환하기

저수준의 네트워크 호출을 이용하는 애플리케이션을 만들어야 한다면 두 컴퓨터 간에 통신 매체를 이용해 데이터 전송하는 작업을 처리해야 할 수 있다. 이 작업을 위해 호스트 운영체제로부터 얻은 데이터를 네트워크 바이트 순서_{Network Byte}로 변환하거나 그 반대 방향으로 변환하는 작업을 구현해야 한다. 그 이유는 호스트 운영체제와 네트워크가 사용하는 포맷은 자신만의 데이터 표현 방식을 갖고 있기 때문이다.

예제 구현

파이썬의 소켓 라이브러리에는 네트워크 바이트 순서를 호스트가 사용하는 바이트 순서로 변환하거나 역으로 호스트의 바이트 순서를 네트워크 바이트 순서로 변환하는 ntohl()과 htonl() 같은 유틸리티 함수가 있다. 개발자는 이런 함수에 친숙해져야 한다.

IP 주소 포맷 변환에 사용하는 ntohl()과 htonl() 클래스가 있는 convert_integer() 함수를 정의해보자.

리스트 1.5 integer_conversion 함수

```python
#!/usr/bin/env python
# Python Network Programming Cookbook -- Chapter - 1
# This program is optimized for Python 2.7.
# It may run on any other version with/without modifications.

import socket

def convert_integer():
    data = 1234
    # 32-bit
    print "Original: %s => Long  host byte order: %s, Network byte order:
%s" %(data, socket.ntohl(data), socket.htonl(data))
    # 16-bit
```

```
    print "Original: %s => Short  host byte order: %s, Network byte order:
%s" %(data, socket.ntohs(data), socket.htons(data))

if __name__ == '__main__':
    convert_integer()
```

이 예제를 실행하면 다음과 같은 결과를 볼 수 있다.

```
$ python 1_5_integer_conversion.py
Original: 1234 => Long host byte order: 3523477504, Network byte order:
3523477504
Original: 1234 => Short host byte order: 53764, Network byte order: 53764
```

예제 분석

여기서는 정수를 인자로 받은 후 네트워크 바이트 순서와 호스트 바이트 순서로
변환하는 방법을 보여준다. ntohl() 소켓 클래스 함수는 네트워크 바이트 순서를
long 타입인 호스트 바이트 순서로 변환한다. 이때 n은 네트워크network를 의미하
고, h는 호스트host를 의미한다. l은 long 타입을 의미하며, s는 short를 의미하는
데 16비트다.

기본 소켓 타임아웃 값을 설정하거나 얻기

가끔은 소켓의 타임아웃 같은 소켓의 특정 속성에 대한 기본 값을 변경할 필요가
있다.

예제 구현

먼저 소켓 객체를 생성한 후, 기본 타임아웃 값을 얻기 위해 gettimeout() 메소드
를 호출한 후 새로운 타임아웃 값을 설정하고자 settimeout() 메소드를 호출할
수 있다. 이 함수는 사용자 정의 서버 애플리케이션을 개발할 때 매우 유용하다.

test_socket_timeout() 함수 안에 먼저 소켓 객체를 생성한다. 그런 후에 타임 아웃 값을 변경하기 위해 gettimeout(), settimeout() 메소드를 사용할 수 있다.

리스트 1.6 socket_timeout 설정 예제

```python
#!/usr/bin/env python
# Python Network Programming Cookbook -- Chapter - 1
# This program is optimized for Python 2.7.
# It may run on any other version with/without modifications.

import socket

def test_socket_timeout():
    s = socket.socket(socket.AF_INET, socket.SOCK_STREAM)
    print "Default socket timeout: %s" %s.gettimeout()
    s.settimeout(100)
    print "Current socket timeout: %s" %s.gettimeout()

if __name__ == '__main__':
    test_socket_timeout()
```

이 스크립트를 실행한 후 타임아웃 값이 어떻게 바뀌었는지 볼 수 있다.

```
$ python 1_6_socket_timeout.py
Default socket timeout: None
Current socket timeout: 100.0
```

예제 분석

위 코드에서는 먼저 소켓 클래스의 생성자에 소켓 그룹_{socket family}과 소켓 타입을 첫 번째, 두 번째 매개변수로 지정해 소켓 객체를 생성했다. 그런 다음 gettimeout() 메소드를 호출해 소켓의 기본 타임아웃 값을 얻은 후, settimeout() 메소드를 호출 해 그 값을 변경한다. settimeout() 메소드에 전달하는 매개변수의 값은 초 단위 의 음수가 아닌 실수 값이나 None이 될 수 있다. settimeout() 메소드는 소켓이 블로킹 모드에서 동작할 때 사용된다. 타임아웃 값을 None으로 설정하면 소켓 작 업 시 타임아웃을 비활성화한다.

소켓 에러를 간결하면서도 자연스럽게 처리하기

네트워크 관련 애플리케이션에서 항상 일어나는 일 중 하나는 한쪽에서 연결하려고 시도하는 중이지만 다른 한쪽은 네트워크 문제나 그 밖의 이유로 응답하지 않는 상황이다. 파이썬의 소켓 라이브러리는 socket.error 예외를 이용해 이런 에러들을 자연스럽게 처리할 수 있는 방법을 갖고 있다. 이번 예제에서 몇 가지 예시를 제시한다.

예제 구현

여러 개의 try-except 블록을 생성한 후 각 블록마다 에러 하나를 발생시켜보자. 사용자의 입력을 받기 위해 argparse 모듈을 사용할 수 있다. 이 모듈을 이용하면 sys.argv를 이용해 명령행 인자를 단순히 파싱할 때보다 더 많은 기능을 이용할 수 있다. 각 try-except 블록에 소켓을 대상으로 하는 전형적인 작업들, 즉 소켓 객체 생성, 서버 연결, 데이터 전송, 응답 대기 같은 작업을 넣어보자.

다음 예제는 코드 몇 줄로 이 개념을 보여준다.

리스트 1.7 다양한 소켓 에러를 보여주는 코드

```python
#!/usr/bin/env python
# Python Network Programming Cookbook -- Chapter - 1
# This program is optimized for Python 2.7.
# It may run on any other version with/without modifications.

import sys
import socket
import argparse

def main():
    # setup argument parsing
    parser = argparse.ArgumentParser(description='Socket Error Examples')
    parser.add_argument('--host', action="store", dest="host",
required=False)
```

```python
    parser.add_argument('--port', action="store", dest="port", type=int,
required=False)
    parser.add_argument('--file', action="store", dest="file", required=False)
    given_args = parser.parse_args()
    host = given_args.host
    port = given_args.port
    filename = given_args.file

    # First try-except block -- create socket
    try:
        s = socket.socket(socket.AF_INET, socket.SOCK_STREAM)
    except socket.error, e:
        print "Error creating socket: %s" % e
        sys.exit(1)

    # Second try-except block -- connect to given host/port
    try:
        s.connect((host, port))
    except socket.gaierror, e:
        print "Address-related error connecting to server: %s" % e
        sys.exit(1)
    except socket.error, e:
        print "Connection error: %s" % e
        sys.exit(1)

    # Third try-except block -- sending data
    try:
        s.sendall("GET %s HTTP/1.0\r\n\r\n" % filename)
    except socket.error, e:
        print "Error sending data: %s" % e
        sys.exit(1)

    while 1:
        # Fourth tr-except block -- waiting to receive data from remote host
        try:
            buf = s.recv(2048)
        except socket.error, e:
            print "Error receiving data: %s" % e
            sys.exit(1)
```

```
        if not len(buf):
            break
        # write the received data
        sys.stdout.write(buf)

if __name__ == '__main__':
    main()
```

예제 분석

파이썬에서는 argparse 모듈을 이용해 스크립트에 명령행 인자를 전달하고 그 스크립트 안에서 그 인자들을 파싱할 수 있다. 이 기능은 파이썬 2.7부터 이용 가능하다. 그 이전 버전에서는 **파이썬 패키지 인덱스**PyPI, Python Package Index에서 따로 사용할 수 있으며, easy_install이나 pip 명령을 이용해 설치할 수 있다.

이 예제에서는 3개 인자인 호스트 이름, 포트 번호, 파일 이름을 설정한다. 이 스크립트의 사용법은 다음과 같다.

$ python 1_7_socket_errors.py -host=<HOST> --port=<PORT> --file=<FILE>

이 스크립트는 존재하지 않는 호스트 이름으로 연결을 시도하면 다음과 같이 주소 에러를 출력한다.

$ python 1_7_socket_errors.py --host=www.pytgo.org --port=8080
--file=1_7_socket_errors.py
Address-related error connecting to server: [Errno -5] No address
associated with hostname

지정한 포트에 물린 서비스가 없는 상태에서 그 포트에 연결하려고 시도하면 연결 시간 초과 에러를 출력한다.

$ python 1_7_socket_errors.py --host=www.python.org --port=8080
--file=1_7_socket_errors.py

이것은 호스트 www.python.org의 8080 포트가 연결 대기하지 않기 때문에 다음과 같은 에러를 반환한다.

Connection error: [Errno 110] Connection timed out

정상적인 호스트의 서비스 가능한 포트로 연결한 경우에도 에러가 발생할 수 있지만, 애플리케이션 수준에서는 에러를 감지하지 못하는 경우도 있다. 예를 들어 다음 스크립트를 수행하면 에러가 발생하지 않지만 요청해서 결과로 받은 HTML 출력을 보면 무엇이 잘못된 건지 알 수 있다.

```
$ python 1_7_socket_errors.py --host=www.python.org --port=80 --file=1_7_
socket_errors.py

HTTP/1.1 404 Not found
Server: Varnish
Retry-After: 0
content-type: text/html
Content-Length: 77
Accept-Ranges: bytes
Date: Thu, 20 Feb 2014 12:14:01 GMT
Via: 1.1 varnish
Age: 0
Connection: close

<html>
<head>
<title> </title>
</head>
<body>
unknown domain: </body></html>
```

앞 예제 코드에서 4개의 try-except 블록을 사용했다. 두 번째 블록을 제외한 모든 블록에서 socket.error를 사용했지만, 두 번째 블록은 socket.gaierror를 사용한다. 이 예외는 주소 관련 에러를 처리할 때 사용한다. 이 외에도 두 가지 예외가 더 존재한다. 하나는 socket.herror로, C API와의 호환을 위해 사용한다. 다른 하나는 socket.timeout이며, 소켓상에서 settimeout() 메소드를 호출해 타임아웃을 설정한 후, 그 소켓상에서 시간이 초과한 경우에 발생한다.

소켓의 전송/수신 버퍼 크기 변경

기본 소켓 버퍼 크기는 많은 상황에서 적합하지 않을 수 있다. 이런 경우 기본 소켓 버퍼 크기를 가장 적당한 값으로 변경할 수 있다.

예제 구현

소켓 객체의 setsockopt() 메소드를 이용해 기본 소켓 버퍼 크기를 변경해보자.

먼저 SEND_BUF_SIZE와 RECV_BUF_SIZE라는 2개의 상수를 정의한 후에 사용자 정의 함수 안에서 소켓 객체의 setsockopt() 메소드를 호출한다. 버퍼 크기를 변경하기 전에 변경할 크기에 대해 점검하는 게 좋다. 예제에서는 전송 버퍼와 수신 버퍼를 각자 별도의 크기로 설정함에 주목하자.

리스트 1.8 소켓의 전송/수신 버퍼의 크기를 바꾸는 방법

```python
#!/usr/bin/env python
# Python Network Programming Cookbook -- Chapter - 1
# This program requires Python 2.7 or any later version

import socket

SEND_BUF_SIZE = 4096
RECV_BUF_SIZE = 4096

def modify_buff_size():
    sock = socket.socket(socket.AF_INET, socket.SOCK_STREAM)

    # Get the size of the socket's send buffer
    bufsize = sock.getsockopt(socket.SOL_SOCKET, socket.SO_SNDBUF)
    print "Buffer size [Before]:%d" %bufsize

    sock.setsockopt(socket.SOL_TCP, socket.TCP_NODELAY, 1)
    sock.setsockopt(
            socket.SOL_SOCKET,
            socket.SO_SNDBUF,
            SEND_BUF_SIZE)
```

```
        sock.setsockopt(
                socket.SOL_SOCKET,
                socket.SO_RCVBUF,
                RECV_BUF_SIZE)
    bufsize = sock.getsockopt(socket.SOL_SOCKET, socket.SO_SNDBUF)
    print "Buffer size [After]:%d" %bufsize

if __name__ == '__main__':
    modify_buff_size()
```

위 예제 스크립트를 실행하면 소켓 버퍼의 크기가 바뀌었음을 보여준다. 다음 출력은 컴퓨터의 운영체제 설정에 따라 다를 수도 있다.

```
$ python 1_8_modify_buff_size.py
Buffer size [Before]:16384
Buffer size [After]:8192
```

예제 분석

소켓 객체의 여러 속성을 각각 얻고 변경하기 위해 getsockopt()와 setsockopt() 메소드를 호출할 수 있다. setsockopt() 메소드는 level, optname, value라는 3개의 인자를 넘겨받는다. 여기서 optname은 옵션의 이름을 의미하며, value는 이 옵션에 대응하는 실제 값이다. 첫 번째 매개변수에 필요한 상수는 socket 모듈에서 찾을 수 있다(SO_* 류 상수와 기타 상수).

소켓의 블로킹/논블로킹 모드 변경

TCP 소켓은 기본적으로 블로킹 모드를 사용한다. 이는 네트워크 관련 소켓 작업을 완료하기 전까지는 호출 프로그램에게 제어를 넘겨주지 않음을 의미한다. 예를 들어 프로그램에서 connect() API를 호출하면 연결 작업이 완료하기 전까지 프로그램은 대기해야 한다. 이때 서버로부터 응답을 기다리거나 연결 작업을 멈출 만한 에러가 날 때까지 한없이 기다리고 싶지 않을 수 있다. 예로 웹 서비에 연결

하는 웹 브라우저 클라이언트 프로그램을 작성한다고 하자. 웹 브라우저가 연결을
시도하는 도중에도 연결 과정을 취소할 수 있는 멈춤 기능을 고려해야 한다. 이 기
능은 소켓을 논블로킹 모드로 설정해 구현할 수 있다.

예제 구현

파이썬에서는 어떤 옵션들이 가능한지 살펴보자. 파이썬에서 소켓을 블로킹 모
드나 논블로킹 모드 중 하나로 설정할 수 있다. 논블로킹 모드에서는 send()나
recv() 같은 API를 호출한 후에 어떤 문제가 발생하면 에러가 발생한다. 하지만
블로킹 모드에서는 이런 상황에서 작업을 곧바로 멈추지 않는다. 일반적인 TCP
소켓을 생성한 후 이 두 블로킹 모드와 논블로킹 모드를 실험해볼 수 있다.

소켓의 블로킹 상태를 설정하기 위해 먼저 소켓 객체를 생성한다.

setblocking(1) 함수를 호출해 블로킹 모드로 설정하거나 setblocking(0)을
호출해 블로킹 모드를 해제할 수 있다. 마지막으로 소켓을 특정 포트에 바인딩하
여 연결 요청을 기다린다.

리스트 1.9 소켓의 블로킹 모드 또는 논블로킹 모드를 변경하는 방법

```python
#!/usr/bin/env python
# Python Network Programming Cookbook -- Chapter - 1
# This program requires Python 2.7 or any later version

import socket

def test_socket_modes():
    s = socket.socket(socket.AF_INET, socket.SOCK_STREAM)
    s.setblocking(1)
    s.settimeout(0.5)
    s.bind(("127.0.0.1", 0))

    socket_address = s.getsockname()
    print "Trivial Server lauched on socket: %s" %str(socket_address)
    while(1):
```

```
        s.listen(1)

if __name__ == '__main__':
    test_socket_modes()
```

이 예제를 실행하면 블로킹 모드로 설정한 간단한 서버가 시작한다.

```
$ python 1_9_socket_modes.py
Trivial Server launched on socket: ('127.0.0.1', 51410)
```

예제 분석

이 예제에서는 setblocking() 메소드의 인자를 1로 설정함으로써 소켓을 블로킹 모드로 만들었다. 이와 유사하게 소켓을 논블로킹 모드로 설정할 때는 setblocking() 메소드의 인자에 0을 설정할 수 있다.

나중에 다른 예제에서 이 기능을 다시 사용한다.

소켓 주소 재사용

특정 포트를 통해 소켓 서버를 구동하는 경우 소켓이 의도적이든, 예기치 않게 종료되더라도 항상 서버가 구동되게 하고 싶을 수 있다. 이런 기능은 클라이언트가 항상 특정 서버 포트로 연결하고 있는 몇몇 경우에 유용하다. 이 기능을 이용하면 서버의 포트를 바꾸지 않아도 된다.

예제 구현

파이썬 소켓 서버를 특정 포트를 통해 운영하다가 일단 서버를 종료한 후 다시 재구동할 경우 한동안 같은 포트를 다시 사용할 수 없다. 이를 시도하면 대부분 다음과 같은 에러가 발생한다.

```
Traceback (most recent call last):
  File "1_10_reuse_socket_address.py", line 40, in <module>
    reuse_socket_addr()
  File "1_10_reuse_socket_address.py", line 25, in reuse_socket_addr
    srv.bind( ('', local_port) )
  File "<string>", line 1, in bind
socket.error: [Errno 98] Address already in use
```

SO_REUSEADDR을 이용해 소켓 재사용 옵션을 활성화하면 이 문제를 해결할 수
있다.

소켓 객체를 생성한 후의 주소 재사용 가능 여부에 대한 정보를 질의해 얻을 수 있
다. 그런 후에 setsockopt()를 호출해 이 주소 재사용 가능 상태에 대한 값을 변
경할 수 있다. 그러면 변함없이 소켓을 포트에 바인딩하는 과정과 연결 요청을 기
다리는 과정을 수행하면 된다. 이 예제에서는 KeyboardInterrupt 예외를 수신해
만약 사용자가 Ctrl + C를 누르면 아무런 예외 메시지 출력 없이 파이썬 스크립트
를 종료한다.

리스트 1.10 소켓 주소를 재사용하는 방법

```python
#!/usr/bin/env python
# Python Network Programming Cookbook -- Chapter - 1
# This program is optimized for Python 2.7.
# It may run on any other version with/without modifications.

import socket
import sys

def reuse_socket_addr():
    sock = socket.socket(socket.AF_INET, socket.SOCK_STREAM)

    # Get the old state of the SO_REUSEADDR option
    old_state = sock.getsockopt(socket.SOL_SOCKET, socket.SO_REUSEADDR)
    print "Old sock state: %s" %old_state

    # Enable the SO_REUSEADDR option
    sock.setsockopt(socket.SOL_SOCKET, socket.SO_REUSEADDR, 1)
```

```
        new_state = sock.getsockopt(socket.SOL_SOCKET, socket.SO_REUSEADDR)
        print "New sock state: %s" %new_state

        local_port = 8282

        srv = socket.socket(socket.AF_INET, socket.SOCK_STREAM)
        srv.setsockopt(socket.SOL_SOCKET, socket.SO_REUSEADDR, 1)
        srv.bind( ('', local_port) )
        srv.listen(1)
        print ("Listening on port: %s " %local_port)
        while True:
            try:
                connection, addr = srv.accept()
                print 'Connected by %s:%s' % (addr[0], addr[1])
            except KeyboardInterrupt:
                break
            except socket.error, msg:
                print '%s' % (msg,)

if __name__ == '__main__':
    reuse_socket_addr()
```

이 예제를 출력하면 다음과 비슷한 결과가 나온다.

```
$ python 1_10_reuse_socket_address.py
Old sock state: 0
New sock state: 1
Listening on port: 8282
```

예제 분석

이 스크립트를 콘솔 창에서 실행하고, 다른 콘솔 창을 띄운 후 telnet localhost 8282를 입력해 이 서버에 접속해보자. 서버 프로그램을 종료한 후 같은 포트로 다시 재실행할 수 있다. 하지만 만약에 SO_REUSEADDR을 설정하는 코드를 주석 처리하면 서버를 다시 실행할 수 없다.

인터넷 시간 서버로부터 현재 시간을 얻은 후 출력

유닉스의 make 같은 많은 프로그램은 컴퓨터가 정확한 시간을 사용한다는 가정하에서 동작한다. 컴퓨터의 시간이 정확하지 않아 네트워크상의 시간 서버와 시간을 동기화해야 할 수 있다.

준비

컴퓨터를 인터넷 시간 서버 중 하나와 동기화하기 위해 파이썬 클라이언트 스크립트를 작성할 수 있다. 이를 구현하기 위해 ntplib 라이브러리를 이용한다. 시간 서버와의 동기화할 때 클라이언트와 서버 사이의 통신에는 **NTP**Network Time Protocol 를 사용한다. ntplib가 설치되지 않았다면 PyPI로부터 pip나 easy_install 명령을 이용해 설치할 수 있다.

```
$ pip install ntplib
```

예제 구현

NTPClient의 객체를 생성한 후, NTP 서버 주소를 넘겨받은 request() 메소드를 호출한다.

리스트 1.11 인터넷 시간 서버로부터 현재 시간을 얻어 출력하는 방법

```python
#!/usr/bin/env python
# Python Network Programming Cookbook -- Chapter - 1
# This program is optimized for Python 2.7.
# It may run on any other version with/without modifications.

import ntplib
from time import ctime

def print_time():
    ntp_client = ntplib.NTPClient()
```

```
        response = ntp_client.request('pool.ntp.org')
        print ctime(response.tx_time)

if __name__ == '__main__':
    print_time()
```

컴퓨터에서 이 예제를 실행하면 다음과 같은 결과를 보여준다.

```
$ python 1_11_print_machine_time.py
Thu Mar 5 14:02:58 2012
```

이 예제에서는 NTP 클라이언트를 생성한 후, NTP 서버인 pool.ntp.org에 NTP 요청을 전송했다. 그 응답 결과를 출력하기 위해 ctime() 함수를 사용했다.

SNTP 클라이언트 작성

이전 예제와 달리 어떨 때에는 NTP 서버가 제공하는 정확도의 시간 정보가 필요 없을 수 있다. 이때 SNTP Simple Network Time Protocol라는 NTP의 축소 버전을 쓸 수 있다.

외부 라이브러리의 도움 없이 SNTP를 간단하게 구현해보자.

먼저 NTP_SERVER, TIME1970이라는 2개의 상수를 정의하자. NTP_SERVER는 클라이언트 프로그램이 접속할 NTP 서버의 주소이고, TIME1970은 기준 시간인 1970년 1월 1일(에폭Epoch이라 불리기도 한다)이다. http://www.epochconverter.com/에서 에폭 시간 값을 찾거나 에폭 시간으로 변환할 수 있다. 실제 클라이언트 프로그램은 서버에 연결하기 위해 UDP 소켓(SOCK DGRAM)을 생성한다. 그런 후에 SNTP

프로토콜 데이터('\x1b' + 47 * '\0')를 패킷에 담아 전송해야 한다. UDP 클라이언트 프로그램은 sendto()와 recvfrom() 메소드를 이용해 이 데이터를 전송하고 수신한다.

서버가 시간 정보를 패킹_{packing}한 배열에 담아 반환하면 클라이언트는 struct 모듈을 사용해 이 데이터를 언팩_{unpack}해야 한다. 우리에게 필요한 데이터는 배열의 11번째 인덱스에 있는 데이터다. 마지막으로 실제 현재 시간을 얻으려면 언팩한 데이터로부터 기준 시간 값인 TIME1970을 빼야 한다.

리스트 1.12 SNTP 클라이언트를 작성하는 방법

```
#!/usr/bin/env python
# Python Network Programming Cookbook -- Chapter - 1
# This program is optimized for Python 2.7.
# It may run on any other version with/without modifications.


import socket
import struct
import sys
import time

NTP_SERVER = "0.uk.pool.ntp.org"
TIME1970 = 2208988800L

def sntp_client():
    client = socket.socket(socket.AF_INET, socket.SOCK_DGRAM)
    data = '\x1b' + 47 * '\0'
    client.sendto(data, (NTP_SERVER, 123))
    data, address = client.recvfrom(1024)
    if data:
        print 'Response received from:', address
    t = struct.unpack('!12I', data)[10]
    t -= TIME1970
    print '\tTime=%s' % time.ctime(t)

if __name__ == '__main__':
    sntp_client()
```

이 예제는 SNTP 프로토콜을 이용해 인터넷 시간 서버로부터 얻은 현재 시간을 다음과 같이 출력한다.

```
$ python 1_12_sntp_client.py
Response received from: ('87.117.251.2', 123)
Time=Tue Feb 25 14:49:38 2014
```

예제 분석

이 SNTP 클라이언트 스크립트는 소켓 연결을 생성한 후 SNTP 프로토콜 데이터를 전송한다. NTP 서버(이 경우 0.uk.pool.ntp.org)로부터 결과를 넘겨받은 후 struct를 이용해 데이터를 언팩한다. 마지막으로 기준 시간인 1970년 1월 1일을 뺀 결과를 파이썬의 time 모듈에 있는 ctime() 메소드를 이용해 화면에 출력한다.

간단한 에코 클라이언트/서버 애플리케이션 작성

파이썬에 있는 기본적인 소켓 API들을 익혔으므로, 소켓을 이용하는 서버와 클라이언트를 지금 만들어보자. 이 예제를 통해 이전 예제에서 배운 지식을 실제로 활용한다.

예제 구현

이 예제에서 서버는 클라이언트로부터 받은 모든 내용을 되돌려보낸다. 명령행 인자로부터 TCP 포트를 얻기 위해 argparse 모듈을 사용한다. 서버와 클라이언트 스크립트 모두 이 포트 정보를 필요로 한다.

먼저 서버를 생성해보자. TCP 소켓 객체부터 만든다. 그런 후 주소 재사용 옵션을 설정해 필요할 때마다 서버를 재시작할 수 있게 만든다. 컴퓨터의 주어진 포트에 소켓을 바인딩한다. 요청 대기 구현 단계에서는 큐를 이용해 다수의 클라이언트에 응답하기 위해 listen() 메소드에 백로그(backlog) 인자를 사용한다. 마지막으로 클라이언트가 접속해 데이터를 서버에 전송되길 기다린다. 서버는 데이터를 수신하면 그 데이터를 다시 클라이언트에 되돌려보낸다.

리스트 1.13a 간단한 에코 서버 애플리케이션을 작성하는 방법

```python
#!/usr/bin/env python
# Python Network Programming Cookbook -- Chapter - 1
# This program is optimized for Python 2.7.
# It may run on any other version with/without modifications.

import socket
import sys
import argparse

host = 'localhost'
data_payload = 2048
backlog = 5

def echo_server(port):
    """ A simple echo server """
    # Create a TCP socket
    sock = socket.socket(socket.AF_INET, socket.SOCK_STREAM)
    # Enable reuse address/port
    sock.setsockopt(socket.SOL_SOCKET, socket.SO_REUSEADDR, 1)
    # Bind the socket to the port
    server_address = (host, port)
    print "Starting up echo server  on %s port %s" % server_address
    sock.bind(server_address)
    # Listen to clients, backlog argument specifies the max no. of queued
connections
    sock.listen(backlog)
    while True:
        print "Waiting to receive message from client"
        client, address = sock.accept()
        data = client.recv(data_payload)
        if data:
            print "Data: %s" %data
            client.send(data)
            print "sent %s bytes back to %s" % (data, address)
```

```python
        # end connection
        client.close()

if __name__ == '__main__':
    parser = argparse.ArgumentParser(description='Socket Server Example')
    parser.add_argument('--port', action="store", dest="port", type=int,
required=True)
    given_args = parser.parse_args()
    port = given_args.port
    echo_server(port)
```

클라이언트 단의 코드에서는 포트 번호를 명령행 인자에서 언어 소켓을 생성한 후
서버에 접속한다. 그런 후 'Test message. This will be echoed'라는 메시지를
서버에 전송한다. 그러면 클라이언트는 즉시 이 메시지를 다시 받을 준비를 한다.
이 전송과 수신 과정에서 2개의 try-except 블록을 사용해 통신 과정에서 발생할
수 있는 예외를 처리한다.

리스트 1.13b 에코 클라이언트 코드

```python
#!/usr/bin/env python
# Python Network Programming Cookbook -- Chapter - 1
# This program is optimized for Python 2.7.
# It may run on any other version with/without modifications.

import socket
import sys

import argparse

host = 'localhost'

def echo_client(port):
    """ A simple echo client """
    # Create a TCP/IP socket
    sock = socket.socket(socket.AF_INET, socket.SOCK_STREAM)
    # Connect the socket to the server
    server_address = (host, port)
```

```python
    print "Connecting to %s port %s" % server_address
    sock.connect(server_address)

    # Send data
    try:
        # Send data
        message = "Test message. This will be echoed"
        print "Sending %s" % message
        sock.sendall(message)
        # Look for the response
        amount_received = 0
        amount_expected = len(message)
        while amount_received < amount_expected:
            data = sock.recv(16)
            amount_received += len(data)
            print "Received: %s" % data
    except socket.errno, e:
        print "Socket error: %s" %str(e)
    except Exception, e:
        print "Other exception: %s" %str(e)
    finally:
        print "Closing connection to the server"
        sock.close()

if __name__ == '__main__':
    parser = argparse.ArgumentParser(description='Socket Server Example')
    parser.add_argument('--port', action="store", dest="port", type=int,
required=True)
    given_args = parser.parse_args()
    port = given_args.port
    echo_client(port)
```

예제 분석

구현한 클라이언트와 서버 간의 실제 통신 내용을 보기 위해 터미널에서 다음과
같이 서버 스크립트를 실행한다.

```
$ python 1_13a_echo_server.py --port=9900
Starting up echo server on localhost port 9900
Waiting to receive message from client
```

이제 또 다른 터미널에서 다음과 같이 클라이언트를 실행한다.

```
$ python 1_13b_echo_client.py --port=9900
Connecting to localhost port 9900
Sending Test message. This will be echoed
Received: Test message. Th
Received: is will be echoe
Received: d
Closing connection to the server
```

localhost에 접속하자마자 서버에서도 다음과 같은 메시지를 출력한다.

```
Data: Test message. This will be echoed
sent Test message. This will be echoed bytes back to ('127.0.0.1', 42961)
Waiting to receive message from client
```

2

더 나은 성능을 위한
소켓 I/O 멀티플렉싱

2장에서 다루는 내용은 다음과 같다.

- 소켓 서버 애플리케이션에서 `ForkingMixIn` 사용

- 소켓 서버 애플리케이션에서 `ThreadingMixIn` 사용

- `select.select`를 이용한 채팅 서버 구현

- `select.epoll`을 이용한 웹 서버 멀티플렉싱

- 디젤Diesel 병렬 라이브러리를 이용한 에코 서버 멀티플렉싱

소개

2장에서는 몇 가지 유용한 기술을 이용해 소켓 서버의 성능을 향상하는 데 중점을 둔다. 여기서는 1장과 달리 여러 클라이언트가 서버에 동시에 접속해 비동기적으로 통신하는 상황을 다룬다. 서버는 각 클라이언트의 요청을 동기적인 방식으로 처리할 필요가 없다. 즉 각 클라이언트의 요구를 독립적으로 처리할 수 있다. 만약한 클라이언트가 데이터를 수신하고 처리하는 데 더 많은 시간이 걸린다고 해도

서버가 이 클라이언트만을 위해 기다릴 필요가 없다. 그러는 동안에 별도의 스레드나 프로세스를 이용해 다른 클라이언트와 통신할 수 있다.

2장에서는 select 모듈을 이용하기도 한다. 이 모듈은 플랫폼에 종속적인 I/O를 감시하는 함수들을 제공한다. 이 함수들은 운영체제의 커널 밑에 있는 select 시스템 콜을 바탕으로 설계됐다. 리눅스에서는 http://man7.org/linux/man-pages/man2/select.2.html에서 매뉴얼 페이지를 찾을 수 있으며, 이 시스템 콜에서 사용 가능한 옵션을 확인할 수 있다. 소켓 서버는 많은 클라이언트와 통신하는 상황을 염두에 두고 있기 때문에 select는 논블로킹 소켓을 감시하는 데 매우 유용하다. 또한 많은 클라이언트를 동시에 처리하는 데 사용할 수 있는 외부 파이썬 라이브러리가 몇 가지 존재한다. 이 장에서는 디젤Diesel 병렬 라이브러리를 사용하는 예제 하나를 포함시켰다.

설명을 간단히 하고자 여기서는 2개나 소수의 클라이언트를 예로 사용하지만, 이 예제를 확장해 수십, 수백 개의 클라이언트를 동시에 처리할 수 있다.

소켓 서버 애플리케이션에서 ForkingMixIn 사용

파이썬을 이용해 비동기적인 소켓 서버 애플리케이션을 만든다고 하자. 이 서버는 한 클라이언트의 요청을 처리하는 동안 블록 상태에 있으면 안 된다. 따라서 서버가 각 클라이언트를 독립적으로 처리할 수 있는 방법이 필요하다.

파이썬 2.7의 SocketServer 클래스에는 ForkingMixIn과 ThreadingMixIn이라는 2개의 유틸리티 클래스가 존재한다. ForkingMixIn 클래스는 각 클라이언트 연결 요청마다 새로운 프로세스를 생성한다. 이번 절에서 다시 이 클래스에 대해 자세히 설명한다. ThreadingMixIn 클래스에 대해서는 다음 절에서 설명한다. 더 자세한 정보는 파이썬의 문서(http://docs.python.org/2/library/socketserver.html)를 참고하자.

1장에서 만들었던 에코 서버를 다시 만들어보자. 여기서는 SocketServer 모듈에 있는 서버 클래스 집합의 하위 클래스를 사용한다. 이 서버 클래스 집합은 TCP, UDP 같은 프로토콜을 위해 사용할 수 있도록 미리 만들어둔 클래스다. 여기서는 TCPServer와 ForkingMixIn 클래스로부터 상속한 ForkingServer를 사용한다. TCPServer 클래스는 ForkingServer 클래스가 이전 장의 에코 서버에서는 모두 직접 처리해야 했던 소켓 생성, 주소 바인딩, 접속 요청 대기 같은 작업을 알아서 처리한다. 또한 ForkingServer는 클라이언트의 요청들을 비동기적으로 처리하기 위해 ForkingMixIn으로부터 상속을 받아야 한다.

ForkingServer는 또한 클라이언트의 요청을 처리하는 방법을 지정하는 요청 핸들러를 설정해야 한다. 이 서버는 클라이언트로부터 받은 문자열을 다시 클라이언트에게 전송한다. 이 서버에서 사용하는 요청 핸들러 클래스는 ForkingServerRequestHandler인데 SocketServer 라이브러리와 함께 제공되는 BaseRequestHandler를 상속한다.

이 에코 서버의 클라이언트는 ForkingClient로 명명한다. 이 클라이언트는 객체 지향 방식으로 코드를 작성해본다. 파이썬에서 클래스 생성자는 __init__() 라는 이름을 갖는다. 생성자는 관례적으로 self를 인자로 갖는다. 이 self를 이용해 클래스의 속성에 접근해 설정할 수 있다. ForkingClient 에코 클라이언트는 __init__()에서 소켓을 초기화한 후 서버에 연결한 다음에 run() 메소드에서 메시지를 서버에 전송한다.

만약 **객체 지향 프로그래밍**OOP, object-oriented programming에 익숙하지 않다면 이 예제를 이해하기 전에 기본적인 객체 지향 프로그래밍의 개념을 먼저 학습하는 게 도움이 될 수도 있다.

ForkingServer 클래스를 테스트하기 위해 여러 개의 에코 클라이언트를 띄운 후 서버가 각 클라이언트와 어떻게 통신하는지 볼 수 있다.

리스트 2.1 소켓 서버 애플리케이션에서 ForkingMixIn을 사용하는 예제 코드

```python
#!/usr/bin/env python
# Python Network Programming Cookbook -- Chapter - 2
# This program is optimized for Python 2.7.
# It may run on any other version with/without modifications.
# See more: http://docs.python.org/2/library/socketserver.html

import os
import socket
import threading
import SocketServer

SERVER_HOST = 'localhost'
SERVER_PORT = 0 # tells the kernel to pickup a port dynamically
BUF_SIZE = 1024
ECHO_MSG = 'Hello echo server!'

class ForkedClient():
    """ A client to test forking server"""
    def __init__(self, ip, port):
        # Create a socket
        self.sock = socket.socket(socket.AF_INET, socket.SOCK_STREAM)
        # Connect to the server
        self.sock.connect((ip, port))

    def run(self):
        """ Client playing with the server"""
        # Send the data to server
        current_process_id = os.getpid()
        print 'PID %s Sending echo message to the server : %s' %
(current_process_id, ECHO_MSG)
        sent_data_length = self.sock.send(ECHO_MSG)
        print "Sent: %d characters, so far..." %sent_data_length

        # Display server response
        response = self.sock.recv(BUF_SIZE)
        print "PID %s received: %s" % (current_process_id, response[5:])
```

```python
    def shutdown(self):
        """ Cleanup the client socket """
        self.sock.close()

class ForkingServerRequestHandler(SocketServer.BaseRequestHandler):

    def handle(self):
        # Send the echo back to the client
        data = self.request.recv(BUF_SIZE)
        current_process_id = os.getpid()
        response = '%s: %s' % (current_process_id, data)
        print "Server sending response [current_process_id: data] = [%s]" %response
        self.request.send(response)
        return

class ForkingServer(SocketServer.ForkingMixIn,
                    SocketServer.TCPServer,
                    ):
    """"Nothing to add here, inherited everything necessary from parents"""
    pass

def main():
    # Launch the server
    server = ForkingServer((SERVER_HOST, SERVER_PORT), ForkingServerRequestHandler)
    ip, port = server.server_address # Retrieve the port number
    server_thread = threading.Thread(target=server.serve_forever)
    server_thread.setDaemon(True) # don't hang on exit
    server_thread.start()
    print 'Server loop running PID: %s' %os.getpid()

    # Launch the client(s)
    client1 = ForkedClient(ip, port)
    client1.run()

    client2 = ForkedClient(ip, port)
    client2.run()
```

```
    # Clean them up
    server.shutdown()
    client1.shutdown()
    client2.shutdown()
    server.socket.close()

if __name__ == '__main__':
    main()
```

예제 분석

주 스레드에서 백그라운드로 동작하도록 설정한 ForkingServer 객체를 실행한다. 이제 2개의 클라이언트를 생성해 서버와 통신하기 시작했다.

이 예제를 실행하면 다음과 비슷한 출력 결과를 보여준다.

```
$ python 2_1_forking_mixin_socket_server.py
Server loop running PID: 12608
PID 12608 Sending echo message to the server : "Hello echo server!"
Sent: 18 characters, so far...
Server sending response [current_process_id: data] = [12610: Hello echo
server!]
PID 12608 received: : Hello echo server!
PID 12608 Sending echo message to the server : "Hello echo server!"
Sent: 18 characters, so far...
Server sending response [current_process_id: data] = [12611: Hello echo
server!]
PID 12608 received: : Hello echo server!
```

서버의 포트 번호는 운영체제 커널이 동적으로 선택하기 때문에 컴퓨터마다 다르게 나타날 수 있다.

소켓 서버 애플리케이션에서 ThreadingMixIn 사용

몇 가지 이유로 프로세스 기반의 애플리케이션보다는 멀티스레드 기반의 애플리케이션 작성을 아마도 선호할 것이다. 이는 스레드 간에는 애플리케이션의 상태를 공유하기가 용이하며 프로세스 간 통신IPC, inter-process communication 같이 복잡한 기능을 이용하지 않아도 되고 그 외에도 유용하기 때문이다. SocketServer 라이브러리를 사용해 비동기적인 네트워크 서버를 작성할 때 멀티스레드를 사용하고 싶다면 ThreadingMixIn이 필요하다.

준비

이전 예제를 조금만 수정하면 ThreadingMixIn을 사용하는 소켓 서버 애플리케이션을 쉽게 구축할 수 있다.

 이 책에 사용된 예제 코드 내려받기

http://www.packtpub.com에 회원 가입하여 팩트 출판사의 도서를 구매한 모든 독자는 책에 등장하는 예제 코드 파일을 직접 내려받을 수 있다. 다른 곳에서 도서를 구매한 독자는 http://www.packtpub.com/support에 회원 가입해 예제 코드 파일을 이메일로 직접 받아볼 수 있다.

예제 구현

ThreadingMixIn 소켓 서버는 몇 가지 수정사항 외에는 기본적으로 이전 예제의 ForkingMixIn 기반 서버 구조와 동일하다. 먼저 이번에 작성하는 ThreadedTCPServer는 TCPServer와 ThreadingMixIn으로부터 상속한다. 이 버전의 서버는 클라이언트가 연결하면 새로운 스레드를 생성한 후 실행한다. 더 자세한 정보는 http://docs.python.org/2/library/socketserver.html에서 찾을 수 있다.

이 소켓 서버의 요청 처리 핸들러인 ForkingServerRequestHandler는 스레드상에서 클라이언트가 전송한 데이터를 다시 클라이언트에게 전송한다. 예제를 실행하면 각 스레드 정보를 확인할 수 있다. 코드를 단순화하기 위해 클라이언트 관련 코드를 클래스가 아닌 함수 안에 구현했다. 클라이언트의 코드에서는 소켓을 생성후 서버에 메시지를 전송한다.

리스트 2.2 ThreadingMixln을 사용하는 에코 서버의 예제 코드

```python
#!/usr/bin/env python
# Python Network Programming Cookbook -- Chapter - 2
# This program is optimized for Python 2.7.
# It may run on any other version with/without modifications.

import os
import socket
import threading
import SocketServer

SERVER_HOST = 'localhost'
SERVER_PORT = 0 # tells the kernel to pickup a port dynamically
BUF_SIZE = 1024

def client(ip, port, message):
    """ A client to test threading mixin server"""
    # Connect to the server
    sock = socket.socket(socket.AF_INET, socket.SOCK_STREAM)
    sock.connect((ip, port))
    try:
        sock.sendall(message)
        response = sock.recv(BUF_SIZE)
        print "Client received: %s" %response
    finally:
        sock.close()

class ThreadedTCPRequestHandler(SocketServer.BaseRequestHandler):
    """ An example of threaded TCP request handler """
    def handle(self):
        data = self.request.recv(1024)
```

```
        cur_thread = threading.current_thread()
        response = "%s: %s" %(cur_thread.name, data)
        self.request.sendall(response)

class ThreadedTCPServer(SocketServer.ThreadingMixIn, SocketServer.TCPServer):
    """Nothing to add here, inherited everything necessary from parents"""
    pass

if __name__ == "__main__":
    # Run server
    server = ThreadedTCPServer((SERVER_HOST, SERVER_PORT),
ThreadedTCPRequestHandler)
    ip, port = server.server_address # retrieve ip address

    # Start a thread with the server -- one  thread per request
    server_thread = threading.Thread(target=server.serve_forever)
    # Exit the server thread when the main thread exits
    server_thread.daemon = True
    server_thread.start()
    print "Server loop running on thread: %s"  %server_thread.name

    # Run clients
    client(ip, port, "Hello from client 1")
    client(ip, port, "Hello from client 2")
    client(ip, port, "Hello from client 3")

    # Server cleanup
    server.shutdown()
```

예제 분석

이 예제는 먼저 서버 스레드를 생성한 후 이를 백그라운드에서 실행한다. 그런 다음 3개의 테스트용 클라이언트를 생성한 후 각자 서버에 메시지를 전송한다. 이에 대한 응답으로 서버는 클라이언트가 보낸 메시지를 다시 되돌려보낸다. 서버 요청 핸들러의 handle() 메소드에서는 현재 스레드 정보를 탐색한 후 화면에 출력한다. 이 내용은 각기 다른 클라이언트가 접속할 때마다 달라야 한다.

서버와 클라이언트 통신에서는 모든 데이터를 손실 없이 전송함을 보장하기 위해
sendall() 메소드를 사용했다.

```
$ python 2_2_threading_mixin_socket_server.py
Server loop running on thread: Thread-1
Client received: Thread-2: Hello from client 1
Client received: Thread-3: Hello from client 2
Client received: Thread-4: Hello from client 3
```

select.select를 이용한 채팅 서버 구현

수백, 수천 개의 클라이언트가 동시에 접속하는 대규모 서버에서는 클라이언트마
다 스레드나 프로세스를 따로 할당하는 작업이 불가능할 수도 있다. 제한적인 메
모리 용량과 CPU 성능으로 인해 상당히 많은 클라이언트를 다루는 데 더 나은 기
술이 필요하다. 다행히도 파이썬은 이 문제를 해결하기 위한 select 모듈을 제공
한다.

예제 구현

여기서는 수백 개가 넘는 대규모의 클라이언트 연결을 처리할 수 있는 효율적인
채팅 서버를 구축해야 한다. 채팅 서버와 클라이언트 간의 전송과 수신 시 블록당
하지 않으면서 모든 작업을 처리할 수 있는 select 모듈의 select() 메소드를 사
용한다.

단일 스크립트로 클라이언트와 서버를 실행하되, --name 명령행 매개변수
를 이용해 클라이언트와 서버를 구분할 수 있는 이번 예제를 설계해보자. 만약
--name=server를 명령행 인자로 사용하면 이 스크립트는 채팅 서버를 실행한다.
그 외에 --name에 다른 이름을 사용하면 채팅 클라이언트를 실행한다. --port 인
자를 통해 서버의 포트를 지정하자. 좀 더 큰 규모의 애플리케이션이라면 서버와
클라이언트를 별두의 모듈로 구현하는 게 더 좋을 수 있다.

```python
#!/usr/bin/env python
# Python Network Programming Cookbook -- Chapter - 2
# This program is optimized for Python 2.7.
# It may run on any other version with/without modifications.

import select
import socket
import sys
import signal
import cPickle
import struct
import argparse

SERVER_HOST = 'localhost'
CHAT_SERVER_NAME = 'server'

# Some utilities
def send(channel, *args):
    buffer = cPickle.dumps(args)
    value = socket.htonl(len(buffer))
    size = struct.pack("L",value)
    channel.send(size)
    channel.send(buffer)


def receive(channel):
    size = struct.calcsize("L")
    size = channel.recv(size)
    try:
        size = socket.ntohl(struct.unpack("L", size)[0])
    except struct.error, e:
        return ''
    buf = ""
    while len(buf) < size:
        buf = channel.recv(size - len(buf))
    return cPickle.loads(buf)[0]
```

send() 메소드는 channel이라는 이름의 매개변수와 *args라는 위치 매개변수를 취한다. send() 메소드에서는 cPickle 모듈에 있는 dumps() 메소드를 이용해 데이터를 직렬화한다. 그런 후 struct 모듈을 이용해 데이터의 크기를 결정한다. 마찬가지로 receive() 함수에서도 channel이라는 이름의 매개변수를 사용한다.

이제 ChatServer 클래스의 코드를 살펴보자.

```python
class ChatServer(object):
    """ An example chat server using select """
    def __init__(self, port, backlog=5):
        self.clients = 0
        self.clientmap = {}
        self.outputs = [] # list output sockets
        self.server = socket.socket(socket.AF_INET, socket.SOCK_STREAM)
        self.server.setsockopt(socket.SOL_SOCKET, socket.SO_REUSEADDR, 1)
        self.server.bind((SERVER_HOST, port))
        print 'Server listening to port: %s ...' %port
        self.server.listen(backlog)
        # Catch keyboard interrupts
        signal.signal(signal.SIGINT, self.sighandler)

    def sighandler(self, signum, frame):
        """ Clean up client outputs"""
        # Close the server
        print 'Shutting down server...'
        # Close existing client sockets
        for output in self.outputs:
            output.close()
        self.server.close()

    def get_client_name(self, client):
        """ Return the name of the client """
        info = self.clientmap[client]
        host, name = info[0][0], info[1]
        return '@'.join((name, host))
```

ChatServer 클래스의 핵심 실행 코드는 다음과 같다.

```
def run(self):
        inputs = [self.server, sys.stdin]
        self.outputs = []
        running = True
        while running:
            try:
                readable, writeable, exceptional = select.select(inputs,
self.outputs, [])
            except select.error, e:
                break

            for sock in readable:
                if sock == self.server:
                    # handle the server socket
                    client, address = self.server.accept()
                    print "Chat server: got connection %d from %s" %
(client.fileno(), address)
                    # Read the login name
                    cname = receive(client).split('NAME: ')[1]

                    # Compute client name and send back
                    self.clients += 1
                    send(client, 'CLIENT: ' + str(address[0]))
                    inputs.append(client)
                    self.clientmap[client] = (address, cname)
                    # Send joining information to other clients
                    msg = "\n(Connected: New client (%d) from %s)" %
(self.clients, self.get_client_name(client))
                    for output in self.outputs:
                        send(output, msg)
                    self.outputs.append(client)

                elif sock == sys.stdin:
                    # handle standard input
                    junk = sys.stdin.readline()
                    running = False
                else:
```

```
                    # handle all other sockets
                try:
                    data = receive(sock)
                    if data:
                        # Send as new client's message...
                        msg = '\n#[' + self.get_client_name(sock) +
']>>' + data

                        # Send data to all except ourself
                        for output in self.outputs:
                            if output != sock:
                                send(output, msg)
                    else:
                        print "Chat server: %d hung up" % sock.fileno()
                        self.clients -= 1
                        sock.close()
                        inputs.remove(sock)
                        self.outputs.remove(sock)

                        # Sending client leaving information to others
                        msg = "\n(Now hung up: Client from %s)" %
self.get_client_name(sock)

                        for output in self.outputs:
                            send(output, msg)
                except socket.error, e:
                    # Remove
                    inputs.remove(sock)
                    self.outputs.remove(sock)
        self.server.close()
```

채팅 서버는 먼저 클라이언트 개수, 각 클라이언트 정보와 클라이언트에게 메시지를 보낼 때 사용할 출력 소켓의 정보 등 몇 가지 데이터 속성을 초기화한다. 또한 일반적인 소켓 생성 시 같은 포트를 다시 사용해 서버 재시작에 문제가 없도록 주소를 재사용하는 옵션을 설정한다. 추가적인 백로그backlog 인자를 생성자에서 설정해 서버가 응답 대기할 수 있는 연결의 최댓값을 설정한다.

이 채팅 서버의 흥미로운 점은 사용자가 보통 키보드를 이용해 인터럽트를 걸 경우 이를 처리한다는 점이다. 이때 signal 모듈을 사용한다. 따라서 인터럽트 시그널(SIGINT)을 처리하기 위해 sighandler라는 시그널 핸들러를 등록한다. 이 시그널 핸들러는 키보드 인터럽트 시그널이 발생하면 데이터 전송에 사용하는 서버의 모든 출력 소켓을 종료한다.

채팅 서버의 핵심 실행 코드인 run() 메소드는 대부분의 작업을 while 루프 안에서 처리한다. 이 메소드는 먼저 select의 입력 매개변수로 사용할 리스트에 채팅 서버의 소켓과 표준 입력(stdin)을 등록한다. 출력 매개변수 리스트에 서버의 출력 소켓 리스트를 지정한다. select는 반환 시 읽기 가능readable, 출력 가능writeable, 예외 등 총 3개의 소켓 리스트를 제공한다. 채팅 서버는 읽을 데이터가 있는 읽기 가능 소켓에만 관심이 있다. 만약 이 읽기 가능 소켓이 서버 자신의 소켓이라면 새로운 클라이언트와의 연결이 발생했음을 의미한다. 따라서 서버는 클라이언트의 이름을 얻어 다른 모든 클라이언트에게 전송한 후, 이 클라이언트의 소켓을 select 호출에서 사용할 입력 매개변수 리스트와 출력 매개변수 리스트에 추가한다. 읽기 가능 소켓이 표준 입력인 경우 서버는 곧바로 실행을 종료한다. 이와 비슷하게 서버의 소켓이 아니고 표준 입력이 아닌 경우 읽기 가능 소켓은 클라이언트의 소켓이다. 서버는 이 클라이언트가 전송한 데이터를 다른 클라이언트에게 중계한다. 이때 클라이언트들의 채팅방 참가, 이탈 정보도 공유한다.

채팅 클라이언트 코드는 다음과 같다.

```
class ChatClient(object):
    """ A command line chat client using select """

    def __init__(self, name, port, host=SERVER_HOST):
        self.name = name
        self.connected = False
        self.host = host
        self.port = port
        # Initial prompt
        self.prompt='[' + '@'.join((name, socket.gethostname().split('.')
[0])) + ']> '
        # Connect to server at port
        try:
            self.sock = socket.socket(socket.AF_INET, socket.SOCK_STREAM)
```

```python
        self.sock.connect((host, self.port))
        print "Now connected to chat server@ port %d" % self.port
        self.connected = True
        # Send my name...
        send(self.sock,'NAME: ' + self.name)
        data = receive(self.sock)
        # Contains client address, set it
        addr = data.split('CLIENT: ')[1]
        self.prompt = '[' + '@'.join((self.name, addr)) + ']> '
    except socket.error, e:
        print "Failed to connect to chat server @ port %d" % self.port
        sys.exit(1)


def run(self):
    """ Chat client main loop """
    while self.connected:
        try:
            sys.stdout.write(self.prompt)
            sys.stdout.flush()
            # Wait for input from stdin and socket
            readable, writeable,exceptional = select.select([0,
self.sock], [],[])
            for sock in readable:
                if sock == 0:
                    data = sys.stdin.readline().strip()
                    if data: send(self.sock, data)
                elif sock == self.sock:
                    data = receive(self.sock)
                    if not data:
                        print 'Client shutting down.'
                        self.connected = False
                        break
                    else:
                        sys.stdout.write(data + '\n')
                        sys.stdout.flush()

        except KeyboardInterrupt:
            print " Client interrupted. """
            self.sock.close()
            break
```

70

채팅 클라이언트는 name 인자를 초기화한 후, 채팅 서버 연결 시에 이 이름을 채팅 서버에 전송한다. 또한 [name@호스트이름]> 형식의 프롬프트를 설정한다. 클라이언트의 주요 실행 코드를 담당하는 run() 메소드는 서버와의 연결이 살아 있는 동안 계속 작업을 수행한다. 채팅 클라이언트도 채팅 서버와 비슷하게 select() 를 사용한다. 만약 읽기 가능 소켓이 준비되면 데이터를 수신한다. sock의 값이 0 이고 표준 입력으로부터 읽을 데이터가 있다면 이 데이터를 전송한다. 동시에 이 데이터를 표준 출력을 하며 여기서는 명령행 콘솔로 출력한다.

이제 예제 스크립트의 main 메소드는 명령행 인자를 분석해 서버 혹은 클라이언트를 생성해야 한다.

```
if __name__ == "__main__":
    parser = argparse.ArgumentParser(description='Socket Server Example
with Select')
    parser.add_argument('--name', action="store", dest="name", required=True)
    parser.add_argument('--port', action="store", dest="port", type=int,
required=True)
    given_args = parser.parse_args()
    port = given_args.port
    name = given_args.name
    if name == CHAT_SERVER_NAME:
        server = ChatServer(port)
        server.run()
    else:
        client = ChatClient(name=name, port=port)
        client.run()
```

이 예제 스크립트를 각기 다른 콘솔 창에서 세 번 실행한다. 한 번은 채팅 서버를 실행하고, 나머지 두 번은 채팅 클라이언트를 실행한다. 서버 실행 시에는 --name=server와 --port=8800을 명령행 인자로 전달하며, client1의 경우에는 --name=server 대신 --name=client1을 사용하고, client2의 경우에는 --name=client2를 인자로 사용한다. 그런 후 client1의 프롬프트에서 'Hello from client 1'이라는 메시지를 전송하면 이 내용이 client2의 프롬프트에 출력된다. 마찬가지로 client2의 프롬프트에서 'hello from client 2'라는 메시지를 전송하면 이 내용이 client1의 화면에 나타난다.

서버의 출력은 다음과 같다.

```
$ python 2_3_chat_server_with_select.py --name=server --port=8800
Server listening to port: 8800 ...
Chat server: got connection 4 from ('127.0.0.1', 56565)
Chat server: got connection 5 from ('127.0.0.1', 56566)
```

client1의 출력은 다음과 같다.

```
$ python 2_3_chat_server_with_select.py --name=client1 --port=8800
Now connected to chat server@ port 8800
[client1@127.0.0.1]>
(Connected: New client (2) from client2@127.0.0.1)
[client1@127.0.0.1]> Hello from client 1
[client1@127.0.0.1]>
#[client2@127.0.0.1]>>hello from client 2
```

client2의 출력은 다음과 같다.

```
$ python 2_3_chat_server_with_select.py --name=client2 --port=8800
Now connected to chat server@ port 8800
[client2@127.0.0.1]>
#[client1@127.0.0.1]>>Hello from client 1
[client2@127.0.0.1]> hello from client 2
[client2@127.0.0.1]
```

다음 그림은 이 서버와 두 클라이언트 간의 모든 통신 내용을 보여준다.

예제 모듈의 첫 부분에 두 유틸리티 함수인 send()와 receive()를 정의했다.

채팅 서버와 클라이언트 모두 이 유틸리티 함수들을 사용했으며, 채팅 서버와 클라이언트에서 사용하는 메소드를 이미 자세하게 설명했다.

select.epoll을 이용한 웹 서버 멀티플렉싱

파이썬의 select 모듈에는 플랫폼에 따라 유용한 몇몇 네트워크 이벤트 관리 함수가 있다. 리눅스 머신에서는 epoll을 사용할 수 있다. 운영체제 커널이 네트워크 이벤트를 주기적으로 감시하되 이떤 이벤트가 발생할 때마다 이번 스크립트에 알리도록 select.epoll을 활용한다. 이 방식은 이전에 사용한 select.select 접근 방식보다 좀 더 효율적이다.

예제 구현

서버에 접속한 웹 브라우저에게 간단한 한 줄짜리 텍스트를 반환하는 간단한 웹 서버를 구현해보자.

이 웹 서버의 핵심 코드는 웹 서버 초기화 시에 select.epoll()을 호출한 후 이벤트 발생 통보를 위해 서버 소켓의 파일 디스크립터descriptor를 등록하는 부분이다. 다음 코드는 웹 서버의 코드 중에서 소켓 이벤트를 감시하는 부분이다.

리스트 2.4 select.epoll을 사용하는 간단한 웹 서버

```
#!/usr/bin/env python
# Python Network Programming Cookbook -- Chapter - 2
# This program is optimized for Python 2.7.
# It may run on any other version with/without modifications.

import socket
import select
```

```python
import argparse

SERVER_HOST = 'localhost'

EOL1 = b'\n\n'
EOL2 = b'\n\r\n'
SERVER_RESPONSE  = b"""HTTP/1.1 200 OK\r\nDate: Mon, 1 Apr 2013 01:01:01 GMT\
r\nContent-Type: text/plain\r\nContent-Length: 25\r\n\r\n
Hello from Epoll Server!"""

class EpollServer(object):
    """ A socket server using Epoll"""

    def __init__(self, host=SERVER_HOST, port=0):
        self.sock = socket.socket(socket.AF_INET, socket.SOCK_STREAM)
        self.sock.setsockopt(socket.SOL_SOCKET, socket.SO_REUSEADDR, 1)
        self.sock.bind((host, port))
        self.sock.listen(1)
        self.sock.setblocking(0)
        self.sock.setsockopt(socket.IPPROTO_TCP, socket.TCP_NODELAY, 1)
        print "Started Epoll Server"
        self.epoll = select.epoll()
        self.epoll.register(self.sock.fileno(), select.EPOLLIN)

    def run(self):
        """Executes epoll server operation"""
        try:
            connections = {}; requests = {}; responses = {}
            while True:
                events = self.epoll.poll(1)
                for fileno, event in events:
                    if fileno == self.sock.fileno():
                        connection, address = self.sock.accept()
                        connection.setblocking(0)
```

```python
                self.epoll.register(connection.fileno(), select.EPOLLIN)
                connections[connection.fileno()] = connection
                requests[connection.fileno()] = b''
                responses[connection.fileno()] = SERVER_RESPONSE
            elif event & select.EPOLLIN:
                requests[fileno] += connections[fileno].recv(1024)
                if EOL1 in requests[fileno] or EOL2 in requests[fileno]:
                    self.epoll.modify(fileno, select.EPOLLOUT)
                    print('-'*40 + '\n' + requests[fileno].decode()[:-2])
            elif event & select.EPOLLOUT:
                byteswritten = connections[fileno].send(responses[fileno])
                responses[fileno] = responses[fileno][byteswritten:]
                if len(responses[fileno]) == 0:
                    self.epoll.modify(fileno, 0)
                    connections[fileno].shutdown(socket.SHUT_RDWR)
            elif event & select.EPOLLHUP:
                self.epoll.unregister(fileno)
                connections[fileno].close()
                del connections[fileno]
    finally:
        self.epoll.unregister(self.sock.fileno())
        self.epoll.close()
        self.sock.close()


if __name__ == '__main__':
    parser = argparse.ArgumentParser(description='Socket Server Example with Epoll')
    parser.add_argument('--port', action="store", dest="port", type=int,
required=True)
    given_args = parser.parse_args()
    port = given_args.port
    server = EpollServer(host=SERVER_HOST, port=port)
    server.run()
```

이 스크립트를 실행한 후 파이어폭스나 IE 같은 웹 브라우저로 http://localhost:8800을 입력해 예제 웹 서버에 접근하면 콘솔에서 다음과 같은 출력을 보여준다.

```
$ python 2_4_simple_web_server_with_epoll.py --port=8800
Started Epoll Server
----------------------------------------
GET / HTTP/1.1
Host: localhost:8800
Connection: keep-alive
Accept: text/html,application/xhtml+xml,application/xml;q=0.9,*/*;q=0.8
User-Agent: Mozilla/5.0 (X11; Linux i686) AppleWebKit/537.31 (KHTML, like
Gecko) Chrome/26.0.1410.43 Safari/537.31
DNT: 1
Accept-Encoding: gzip,deflate,sdch
Accept-Language: en-GB,en-US;q=0.8,en;q=0.6
Accept-Charset: ISO-8859-1,utf-8;q=0.7,*;q=0.3
Cookie: MoodleSession=69149dqnvhett7br3qebsrcmh1;
MOODLEID1_=%257F%25BA%2B%2540V
----------------------------------------
GET /favicon.ico HTTP/1.1
Host: localhost:8800
Connection: keep-alive
Accept: */*
DNT: 1
User-Agent: Mozilla/5.0 (X11; Linux i686) AppleWebKit/537.31 (KHTML, like
Gecko) Chrome/26.0.1410.43 Safari/537.31
Accept-Encoding: gzip,deflate,sdch
Accept-Language: en-GB,en-US;q=0.8,en;q=0.6
Accept-Charset: ISO-8859-1,utf-8;q=0.7,*;q=0.3
```

또한 웹 브라우저에서는 다음과 같은 메시지를 볼 수 있다.

```
Hello from Epoll Server!
```

다음 그림은 이 시나리오를 보여준다.

```
faruq@ubuntu: chapter2
File Edit View Search Terminal Help
faruq@ubuntu:chapter2$ python 2_4_simple_web_server_with_epoll.py --port=8800
Started Epoll Server
-----------------------------------
GET / HTTP/1.1
Host: localhost:8800
Connection: keep-alive
User-Agent: Mozilla/5.0 (X11; Linux x86_64) AppleWebKit/536.5 (KHTML, like Gecko) Chrome/19.0.1084.52 Safari/536.5
Accept: text/html,application/xhtml+xml,application/xml;q=0.9,*/*;q=0.8
Accept-Encoding: gzip,deflate,sdch
Accept-Language: en-US,en;q=0.8
Accept-Charset: ISO-8859-1,utf-8;q=0.7,*;q=0.3

-----------------------------------
GET /favicon.ico HTTP/1.1
Host: localhost:8800
Connection: keep-alive
Accept: */*
User-Agent: Mozilla/5.0 (X11; Linux x86_64) AppleWebKit/536.5 (KHTML, like Gecko) Chrome/19.0.1084.52 Safari/536.5
Accept-Encoding: gzip,deflate,sdch
Accept-Language: en-US,en;q=0.8
Accept-Charset: ISO-8859-1,utf-8;q=0.7,*;q=0.3
```

```
localhost:8800 - Google Chrome
localhost:8800
localhost:8800

Hello from Epoll Server!
```

예제 분석

웹 서버인 `EpollServer`의 생성자에서는 서버의 소켓을 생성한 후 `localhost`의
인자로 주어진 포트에 바인딩한다. 그런 후 소켓을 논블로킹 모드로 설정한다
(`setblocking(0)`). 서버는 SSH 연결의 경우처럼 버퍼링 없이 데이터를 교환할 수
있도록 `TCP_NODELAY` 옵션을 설정한다. 그 다음으로 `select.epoll()`을 호출해
폴링polling 객체를 생성한 후, 이 객체에 소켓의 파일 디스크립터를 전달해 소켓의
이벤트를 감시할 수 있게 만든다.

웹 서버의 `run()` 메소드에서는 소켓 이벤트를 수신한다. 이 이벤트는 다음과 같이
두 가지 중 하나에 속한다.

- `EPOLLIN`: 이 소켓은 이벤트를 읽는다.
- `EPOLLOUT`: 이 소켓은 이벤트를 쓴다.

서버 소켓인 경우 서버는 SERVER_RESPONSE 응답을 설정한다. 소켓이 데이터를 쓰려는 연결을 갖고 있는 경우 EPOLLOUT 이벤트를 다루는 부분에서 이를 처리할 수 있다. EPOLLHUP 이벤트는 내부 에러 상태로 인해 소켓이 예상치 않게 종료됐음을 의미한다.

디젤 병렬 라이브러리를 이용한 에코 서버 멀티플렉싱

때로는 대규모 네트워크 애플리케이션을 구현할 때 반복적인 서버 초기화 코드를 작성하는 게 귀찮을 수 있다. 즉 소켓을 생성하고, 특정 주소에 바인딩하여, 연결 요청을 기다리고, 기본적인 에러를 처리하는 코드를 간단하게 처리하고 싶을 때가 있다. 이런 공통적인 코드를 개발자가 직접 다루지 않게끔 도와주는 파이썬 네트워크 라이브러리가 다양하게 존재한다. 여기서는 디젤Diesel이라는 라이브러리를 살펴보기로 한다.

준비

디젤은 네트워크 서버를 작성할 때 필요한 공통적인 루틴을 효율적으로 다루기 위해 논블로킹 기술을 사용한다. 디젤의 공식 웹사이트에 적혀 있듯이 디젤의 핵심은 엄밀한 이벤트 루프로 epoll을 이용해 1만 개 이상의 연결을 무리 없이 처리할 수 있다. 여기서는 단순 에코 서버에 디젤을 도입한다. 이를 위해 디젤 라이브러리 3.0 이상의 버전이 필요하다. 다음과 같이 pip 명령을 이용해 이 라이브러리를 설치할 수도 있다.

```
$ pip install diesel >= 3.0
```

디젤 프레임워크에서 애플리케이션은 Application() 메소드로 애플리케이션 객체를 생성한다. 디젤을 이용해 에코 서버를 얼마나 간단하게 구현할 수 있는지 들여다보자.

리스트 2.5 디젤 라이브러리를 이용한 에코 서버

```python
#!/usr/bin/env python
# Python Network Programming Cookbook -- Chapter - 2
# This program is optimized for Python 2.7.
# It may run on any other version with/without modifications.
# You also need diesel library 3.0 or any later version

import diesel
import argparse

class EchoServer(object):
    """ An echo server using diesel"""

    def handler(self, remote_addr):
        """Runs the echo server"""
        host, port = remote_addr[0], remote_addr[1]
        print "Echo client connected from: %s:%d" %(host, port)

        while True:
            try:
                message = diesel.until_eol()
                your_message = ': '.join(['You said', message])
                diesel.send(your_message)
            except Exception, e:
                print "Exception:",e

def main(server_port):
    app = diesel.Application()
    server = EchoServer()
    app.add_service(diesel.Service(server.handler, server_port))
```

```
    app.run()

if __name__ == '__main__':
    parser = argparse.ArgumentParser(description='Echo server example
with Diesel')
    parser.add_argument('--port', action="store", dest="port", type=int,
required=True)
    given_args = parser.parse_args()
    port = given_args.port
    main(port)
```

이 스크립트를 실행하면 서버는 다음과 같은 결과를 보여준다.

```
$ python 2_5_echo_server_with_diesel.py --port=8800
[2013/04/08 11:48:32] {diesel} WARNING:Starting diesel <hand-rolled
select.epoll>
Echo client connected from: 127.0.0.1:56603
```

다른 콘솔 창에서 telnet 프로그램을 이용해 서버에 접속한 후 메시지를 서버에
메시지를 전송한다.

```
$ telnet localhost 8800
Trying 127.0.0.1...
Connected to localhost.
Escape character is '^]'.
Hello Diesel server ?
You said: Hello Diesel server ?
```

다음 그림은 디젤을 이용한 채팅 서버와 클라이언트 간의 통신 내용을 보여준다.

```
faruq@ubuntu: chapter2
File  Edit  View  Search  Terminal  Help
faruq@ubuntu:chapter2$
faruq@ubuntu:chapter2$ python 2_5_echo_server_with_diesel.py --port=8800
[2014/02/22 10:13:23] {diesel} WARNING:Starting diesel <hand-rolled select.epoll>
Echo client connected from: 127.0.0.1:52494
```

```
faruq@ubuntu: chapter2
File  Edit  View  Search  Terminal  Help
faruq@ubuntu:chapter2$ telnet localhost 8800
Trying 127.0.0.1...
Connected to localhost.
Escape character is '^]'.
Hello Diesel sever!
You said: Hello Diesel sever!
```

예제 분석

예제 스크립트는 --port라는 명령행 인자를 받아 main() 함수에 전달한다. 이 함수에서 디젤 애플리케이션을 초기화하고 실행한다.

디젤은 서비스_service_라는 개념을 갖고 있으며 애플리케이션은 여러 서비스로 구성된다. EchoServer는 handler()라는 메소드를 갖고 있다. 이 메소드에서 서버와 각 클라이언트 간의 연결을 처리한다. Service() 메소드는 이 handler() 메소드와 포트 번호를 받아들여 서비스를 실행한다.

handler() 메소드의 내부에서 서버의 주요 기능을 처리한다. 이 예제의 경우 서버는 단순히 메시지 텍스트를 클라이언트에게 되돌려보낸다.

이 예제의 코드와 1장에 있는 '간단한 에코 클라이언트/서버 애플리케이션 작성' 절의 예제(리스트 1.13a)를 비교해보면 더 이상 반복적인 코드를 작성할 필요가 없으며, 이로 인해 애플리케이션 자체 로직에 좀 더 집중할 수 있음을 알 수 있다.

3

IPv6, 유닉스 도메인 소켓, 네트워크 인터페이스

3장에서 다루는 내용은 다음과 같다.

- 내부 포트를 외부 호스트로 포워딩하기
- 네트워크상의 호스트에 ICMP를 이용해 ping 요청하기
- 외부 네트워크 서비스 사용 대기
- 컴퓨터에 있는 모든 네트워크 인터페이스 찾기
- 컴퓨터의 특정 네트워크 인터페이스 IP 주소 얻기
- 컴퓨터상의 네트워크 인터페이스 사용 가능 여부 알아내기
- 내부 네트워크상에서 비활성화된 컴퓨터 탐지
- 연결된 소켓(socketpair)을 이용한 기본적인 IPC 실행
- 유닉스 도메인 소켓을 이용한 IPC 실행
- 파이썬의 IPv6 소켓 지원 여부 확인
- IPv6 주소로부터 IPv6 프리픽스 추출
- IPv6 에코 클라이언트/서버 작성

소개

3장에서는 파이썬의 소켓 라이브러리를 외부 라이브러리와 함께 사용해본다. 파이썬 표준 라이브러리에 있는 비동기 작업 처리 모듈인 asyncore 같은 몇몇 고급 기술도 논의한다. 또한 ICMP(핑)부터 IPv6 클라이언트/서버까지 이르는 다양한 프로토콜을 다룬다.

몇 가지 유용한 외부 모듈도 소개하는데, 예를 들어 네트워크 패킷 캡처 라이브러리인 Scapy는 파이썬 네트워크 프로그래머들 사이에 잘 알려진 모듈이다.

IPv6 클라이언트/서버를 포함한 IPv6의 기능을 집중적으로 다루는 예제를 비롯해 유닉스 도메인 소켓을 다루는 예제도 살펴본다.

내부 포트를 외부 호스트로 포워딩하기

어떤 경우에는 특정 내부 포트의 모든 통신 내용을 특정 외부 호스트에 재지향하는 포트 포워딩 스크립트를 작성해야 할 수도 있다. 프록시proxy 서버 사용자에게 특정 웹사이트 접근을 허가하면서 동시에 다른 사이트 접근을 막는 데 이 기능을 사용할 수 있다.

예제 구현

8800번 포트로 수신한 모든 데이터를 구글 홈페이지(http://www.google.com)로 재지향하는 포트 포워딩 스크립트를 만들어보자. 이 스크립트에 내부, 외부 호스트 주소와 포트 번호를 인자로 넘겨야 한다. 코드를 단순화하기 위해 외부 포트 번호를 지정하지 않겠다(대부분의 공개 웹 서버는 80번 포트를 사용한다).

리스트 3.1 포트 포워딩 예제 코드

```
#!/usr/bin/env python
# Python Network Programming Cookbook -- Chapter - 3
# This program is optimized for Python 2.7.
```

```
# It may run on any other version with/without modifications.

import argparse

LOCAL_SERVER_HOST = 'localhost'
REMOTE_SERVER_HOST = 'www.google.com'
BUFSIZE = 4096

import asyncore
import socket
```

먼저 PortForwarder 클래스를 정의한다.

```
class PortForwarder(asyncore.dispatcher):
  def __init__(self, ip, port, remoteip,remoteport,backlog=5):
    asyncore.dispatcher.__init__(self)
    self.remoteip=remoteip
    self.remoteport=remoteport
    self.create_socket(socket.AF_INET,socket.SOCK_STREAM)
    self.set_reuse_addr()
    self.bind((ip,port))
    self.listen(backlog)

def handle_accept(self):
    conn, addr = self.accept()
    print "Connected to:",addr
    Sender(Receiver(conn),self.remoteip,self.remoteport)
```

이제 Receiver 클래스와 Sender 클래스를 다음과 같이 정의한다.

```
class Receiver(asyncore.dispatcher):
  def __init__(self,conn):
      asyncore.dispatcher.__init__(self,conn)
      self.from_remote_buffer=''
      self.to_remote_buffer=''
      self.sender=None

  def handle_connect(self):
      pass
```

```python
    def handle_read(self):
        read = self.recv(BUFSIZE)
        self.from_remote_buffer += read

    def writable(self):
        return (len(self.to_remote_buffer) > 0)

    def handle_write(self):
        sent = self.send(self.to_remote_buffer)
        self.to_remote_buffer = self.to_remote_buffer[sent:]

    def handle_close(self):
        self.close()
        if self.sender:
            self.sender.close()

class Sender(asyncore.dispatcher):
    def __init__(self, receiver, remoteaddr, remoteport):
        asyncore.dispatcher.__init__(self)
        self.receiver=receiver
        receiver.sender=self
        self.create_socket(socket.AF_INET, socket.SOCK_STREAM)
        self.connect((remoteaddr, remoteport))

    def handle_connect(self):
        pass

    def handle_read(self):
        read = self.recv(BUFSIZE)
        self.receiver.to_remote_buffer += read

    def writable(self):
        return (len(self.receiver.from_remote_buffer) > 0)

    def handle_write(self):
        sent = self.send(self.receiver.from_remote_buffer)
        self.receiver.from_remote_buffer = self.receiver.from_remote_
```

```
buffer[sent:]

    def handle_close(self):
        self.close()
        self.receiver.close()


if __name__ == "__main__":
    parser = argparse.ArgumentParser(description='Port forwarding
example')
    parser.add_argument('--local-host', action="store",
dest="local_host", default=LOCAL_SERVER_HOST)
    parser.add_argument('--local-port', action="store",
dest="local_port", type=int, required=True)
    parser.add_argument('--remote-host', action="store",
dest="remote_host", default=REMOTE_SERVER_HOST)
    parser.add_argument('--remote-port', action="store",
dest="remote_port", type=int, default=80)
    given_args = parser.parse_args()
    local_host, remote_host = given_args.local_host,
given_args.remote_host
    local_port, remote_port = given_args.local_port,
given_args.remote_port
    print "Starting port forwarding local %s:%s => remote %s:%s" %
(local_host, local_port, remote_host, remote_port)
    PortForwarder(local_host, local_port, remote_host, remote_port)
    asyncore.loop()
```

이 예제를 실행하면 다음과 같은 결과를 보여준다.

```
$ python 3_1_port_forwarding.py --local-port=8800 --local-host=localhost
--remote-host=www.google.com
Starting port forwarding local localhost:8800 => remote www.google.com:80
```

이제 웹 브라우저를 연 후 http://localhost:8800을 방문해보라. 그러면 브라우저
는 구글 홈페이지로 이동해주며 다음과 같은 내용을 콘솔 화면에 출력한다.

```
Connected to: ('127.0.0.1', 38557)
```

다음 그림은 내부 포트를 외부 호스트로 포워딩하는 상황을 보여준다.

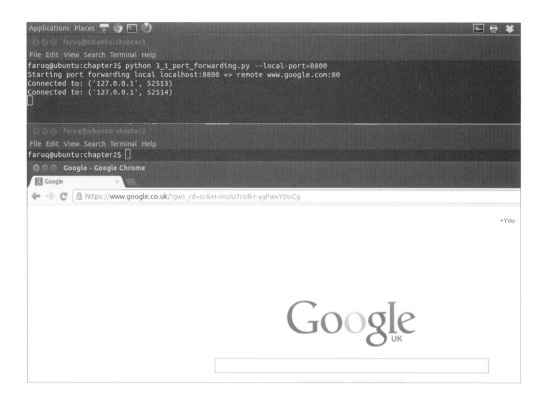

예제 분석

예제에서는 asyncore.dispatcher 클래스를 상속한 PortForwarder 클래스를 생성했다. asyncore.dispatcher 클래스는 소켓 객체를 감싸는 래퍼wrapper 클래스다. 이 클래스는 소켓에 관련된 몇 가지 이벤트를 처리하는 데 도움이 되는 함수를 갖고 있다. 예를 들어 접속이 성공적으로 이뤄졌을 때, 클라이언트가 서버 소켓에 연결했을 때 등을 처리한다. 이 클래스에 정의된 메소드를 재정의해 사용할 수 있다. 이번 예제의 경우 handle_accept() 메소드만 재정의한다.

asyncore.dispatcher로부터 2개의 클래스를 상속했다. Receiver 클래스는 클라이언트의 요청을 처리하고, Sender 클래스는 이 Receiver 객체를 인자로 취해 데이터를 처리한다. 예제 코드에서 볼 수 있듯이 이 두 클래스는 각각 외부 호스트와 내부 클라이언트 간의 양방향 통신을 처리하는 handle_read(), handle_write(), writeable() 메소드를 재정의한다.

요약하면, PortForwarder 클래스는 내부 소켓으로부터 들어오는 클라이언트의 요청을 받아들여 이를 Sender 클래스의 객체에 전달하고 이 객체는 Receiver 클래스의 객체를 이용해 외부 호스트의 지정된 포트(80번)로 양방향 통신을 개시한다.

네트워크상의 호스트에 ICMP를 이용해 ping 요청하기

ICMP 프로토콜을 사용하는 ping은 아마도 네트워크상에서 검색 작업을 할 때 가장 흔하게 접하는 프로그램 중 하나일 것이다. 명령행 프롬프트나 터미널상에서 간단하게 ping www.google.com을 실행해 구글 서버가 실행 중인지 확인할 정도로 매우 쉽다. 파이썬 프로그램 안에서 이렇게 하려면 어떻게 해야 할까? 이 예제에서는 파이썬으로 ping을 구현하는 방법을 보여준다.

준비

이 예제를 실행하려면 컴퓨터의 슈퍼유저나 관리자 권한이 필요하다.

예제 구현

시스템의 ping 프로그램을 명령행에서 호출하는 파이썬 스크립트를 느긋하게 작성할 수 있다.

```
import subprocess
import shlex


command_line = "ping -c 1 www.google.com"
args = shlex.split(command_line)
try:
```

```
    subprocess.check_call(args,stdout=subprocess.PIPE,\
stderr=subprocess.PIPE)
    print "Google web server is up!"
except subprocess.CalledProcessError:
    print "Failed to get ping."
```

하지만 많은 상황에서 시스템에 있는 ping 프로그램을 이용할 수 없거나 접근하지 못할 수 있다. 이 경우 ping의 기능을 수행하는 순수한 파이썬 스크립트를 작성해야 한다. 다음 예제 스크립트를 슈퍼유저나 관리자 권한으로 실행해야 한다는 점을 기억하라.

리스트 3.2 ICMP ping을 구현한 코드

```python
#!/usr/bin/env python
# Python Network Programming Cookbook -- Chapter - 3
# This program is optimized for Python 2.7.
# It may run on any other version with/without modifications.

import os
import argparse
import socket
import struct
import select
import time

ICMP_ECHO_REQUEST = 8 # Platform specific
DEFAULT_TIMEOUT = 2
DEFAULT_COUNT = 4

class Pinger(object):
  """ Pings to a host -- the Pythonic way"""
  def __init__(self, target_host, count=DEFAULT_COUNT,
      timeout=DEFAULT_TIMEOUT):
      self.target_host = target_host
      self.count = count
      self.timeout = timeout
  def do_checksum(self, source_string):
      """ Verify the packet integrity """
      sum = 0
```

```python
        max_count = (len(source_string)/2)*2
        count = 0
        while count < max_count:
            val = ord(source_string[count + 1])*256 +
ord(source_string[count])
            sum = sum + val
            sum = sum & 0xffffffff
            count = count + 2

        if max_count<len(source_string):
            sum = sum + ord(source_string[len(source_string) - 1])
            sum = sum & 0xffffffff
        sum = (sum >> 16) + (sum & 0xffff)
        sum = sum + (sum >> 16)
        answer = ~sum
        answer = answer & 0xffff
        answer = answer >> 8 | (answer << 8 & 0xff00)
        return answer

    def receive_pong(self, sock, ID, timeout):
        """
        Receive ping from the socket.
        """
        time_remaining = timeout
        while True:
            start_time = time.time()
            readable = select.select([sock], [], [], time_remaining)
            time_spent = (time.time() - start_time)
            if readable[0] == []: # Timeout
                return

            time_received = time.time()
            recv_packet, addr = sock.recvfrom(1024)
            icmp_header = recv_packet[20:28]
            type, code, checksum, packet_ID, sequence = struct.unpack(
              "bbHHh", icmp_header
            )
            if packet_ID == ID:
                bytes_In_double = struct.calcsize("d")
                time_sent = struct.unpack("d", recv_packet[28:28 +
bytes_In_double])[0]
```

```
        return time_received - time_sent

    time_remaining = time_remaining - time_spent
    if time_remaining <= 0:
        return
```

대상 호스트에 ping 요청을 전송하는 send_ping() 메소드가 필요하다. 전송하기 전에 다음과 같이 do_checksum() 메소드를 호출해 ping 데이터의 무결성을 확인한다.

```
def send_ping(self, sock, ID):
    """
    Send ping to the target host
    """
    target_addr = socket.gethostbyname(self.target_host)
    my_checksum = 0

    # Create a dummy header with a 0 checksum.
    header = struct.pack("bbHHh", ICMP_ECHO_REQUEST, 0, my_checksum,
ID, 1)
    bytes_In_double = struct.calcsize("d")
    data = (192 - bytes_In_double) * "Q"
    data = struct.pack("d", time.time()) + data

    # Get the checksum on the data and the dummy header.
    my_checksum = self.do_checksum(header + data)
    header = struct.pack(
        "bbHHh", ICMP_ECHO_REQUEST, 0, socket.htons(my_checksum),
        ID, 1
    )
    packet = header + data
    sock.sendto(packet, (target_addr, 1))
```

대상 호스트에 ping 요청을 한 번만 전송하는 ping_once()라는 메소드도 정의해보자. 이 메소드는 socket() 메소드에 ICMP 프로토콜과 SOCK_RAW를 넘겨 ICMP 소켓을 생성한다. 만약 스크립트를 슈퍼유저 권한으로 실행하지 않았거나 혹은 그밖의 소켓 에러가 발생하면 예외 처리 코드가 이를 처리한다. 다음 코드를 계속 살펴보자.

```python
def ping_once(self):
    """
    Returns the delay (in seconds) or none on timeout.
    """
    icmp = socket.getprotobyname("icmp")
    try:
        sock = socket.socket(socket.AF_INET, socket.SOCK_RAW, icmp)
    except socket.error, (errno, msg):
        if errno == 1:
        # Not superuser, so operation not permitted
        msg += "ICMP messages can only be sent from root user processes"
        raise socket.error(msg)
    except Exception, e:
        print "Exception: %s" %(e)
        my_ID = os.getpid() & 0xFFFF
        self.send_ping(sock, my_ID)
        delay = self.receive_pong(sock, my_ID, self.timeout)
        sock.close()
        return delay
```

이 클래스의 가장 핵심적인 메소드는 `ping()` 메소드다. 이 메소드는 `for` 반복문 내부에서 `ping_once()` 메소드를 `count`로 지정된 횟수만큼 호출하며 `delay`라는 변수를 이용해 1000분의 1초 단위로 ping 응답을 수신한다. 만약 응답 중 `delay` 변수에 아무런 값이 없으면 ping이 실패했음을 의미한다. 다음 코드를 이어서 살펴보자.

```python
def ping(self):
    """
    Run the ping process
    """
    for i in xrange(self.count):
        print "Ping to %s..." % self.target_host,
        try:
            delay = self.ping_once()
        except socket.gaierror, e:
            print "Ping failed. (socket error: '%s')" % e[1]
            break
```

```
        if delay == None:
            print "Ping failed. (timeout within %ssec.)" %  self.timeout
        else:
            delay = delay * 1000
            print "Get pong in %0.4fms" % delay

if __name__ == '__main__':
    parser = argparse.ArgumentParser(description='Python ping')
    parser.add_argument('--target-host', action="store",
dest="target_host", required=True)
    given_args = parser.parse_args()
    target_host = given_args.target_host
    pinger = Pinger(target_host=target_host)
    pinger.ping()
```

이 스크립트를 실행하면 다음과 같은 결과를 보여주며, 슈퍼유저 권한으로 이 예제를 실행했다.

```
$ sudo python 3_2_ping_remote_host.py --target-host=www.google.com
Ping to www.google.com... Get pong in 7.6921ms
Ping to www.google.com... Get pong in 7.1061ms
Ping to www.google.com... Get pong in 8.9211ms
Ping to www.google.com... Get pong in 7.9899ms
```

예제 분석

Pinger 클래스는 몇 가지 유용한 메소드를 정의했다. 먼저 이 클래스는 다음과 같은 변수를 사용자 입력 매개변수(혹은 기본 입력 값)로 초기화한다.

- target_host: ping을 전송할 대상 호스트 주소

- count: ping을 몇 번 전송할지 지정한 변수

- timeout: ping 전송을 완료하지 않는 경우 프로그램을 언제 종료할지 지정한 값

send_ping() 메소드는 대상 호스트의 DNS 호스트 이름을 얻은 후 struct 모듈을 이용해 ICMP_ECHO_REQUEST 패킷을 생성한다. 그런 후 소스 문자열(데이터)을 받아들여 이에 대응하는 체크섬checksum을 생성하는 do_checksum() 메소드를 이용해 패킷 데이터의 무결성을 꼭 확인해야 한다. 데이터를 수신하는 쪽에서는 receive_pong() 메소드를 이용해 타임아웃이 발생하거나 응답을 수신할 때까지 대기한다. 이 함수는 ICMP 응답 헤더를 수신해 패킷 아이디를 비교한 후 ping 요청과 응답에 걸린 지연 시간을 계산한다.

외부 네트워크 서비스 사용 대기

때때로 네트워크 서비스가 다시 복구되기를 기다리는 동안 해당 서버가 연결 가능한지 점검하는 스크립트는 유용할 수도 있다.

예제 구현

특정 네트워크 서비스 사용을 기다리는 클라이언트를 구현할 수 있다. 이 예제에서는 기본적으로 localhost에 있는 웹 서버가 실행 중인지를 점검한다. 하지만 외부 호스트의 주소와 포트를 지정하면 그 정보를 대신 사용한다.

리스트 3.3 외부 네트워크 서비스를 기다리는 코드

```python
#!/usr/bin/env python
# Python Network Programming Cookbook -- Chapter - 3
# This program is optimized for Python 2.7.
# It may run on any other version with/without modifications.

import argparse
import socket
import errno
from time import time as now

DEFAULT_TIMEOUT = 120
```

```python
DEFAULT_SERVER_HOST = 'localhost'
DEFAULT_SERVER_PORT = 80


class NetServiceChecker(object):
    """ Wait for a network service to come online"""
    def __init__(self, host, port, timeout=DEFAULT_TIMEOUT):
        self.host = host
        self.port = port
        self.timeout = timeout
        self.sock = socket.socket(socket.AF_INET, socket.SOCK_STREAM)

    def end_wait(self):
        self.sock.close()

    def check(self):
        """ Check the service """
        if self.timeout:
            end_time = now() + self.timeout

        while True:
            try:
                if self.timeout:
                    next_timeout = end_time - now()
                    if next_timeout < 0:
                        return False
                    else:
                        print "setting socket next timeout %ss"\
%round(next_timeout)
                        self.sock.settimeout(next_timeout)
                self.sock.connect((self.host, self.port))

            # handle exceptions
            except socket.timeout, err:
                if self.timeout:
                    return False
            except socket.error, err:
                print "Exception: %s" %err
            else: # if all goes well
                self.end_wait()
```

```
      return True

if __name__ == '__main__':
    parser = argparse.ArgumentParser(description='Wait for Network
Service')
    parser.add_argument('--host', action="store", dest="host",
default=DEFAULT_SERVER_HOST)
    parser.add_argument('--port', action="store", dest="port",
type=int, default=DEFAULT_SERVER_PORT)
    parser.add_argument('--timeout', action="store", dest="timeout",
type=int, default=DEFAULT_TIMEOUT)
    given_args = parser.parse_args()
    host, port, timeout = given_args.host, given_args.port,
given_args.timeout
    service_checker = NetServiceChecker(host, port, timeout=timeout)
    print "Checking for network service %s:%s ..." %(host, port)
    if service_checker.check():
        print "Service is available again!"
```

컴퓨터에 아파치Apache 같은 웹 서버가 실행 중이라면 이 예제 스크립트는 다음과
같은 결과를 보여준다.

```
$ python 3_3_wait_for_remote_service.py
Waiting for network service localhost:80 ...
setting socket next timeout 120.0s
Service is available again!
```

이제 아파치 서버 프로세스를 중지한 후 아파치를 다시 실행해보자. 그러면 결과
패턴이 달라질 수 있다. 내 컴퓨터에서는 다음과 같이 결과 패턴이 나타났다.

```
Exception: [Errno 103] Software caused connection abort
setting socket next timeout 104.189137936
Exception: [Errno 111] Connection refused
setting socket next timeout 104.186291933
Exception: [Errno 103] Software caused connection abort
setting socket next timeout 104.186164856
Service is available again!
```

다음 그림은 아파치 웹 서버 프로세스가 다시 실행되기를 기다리고 있는 모습을
보여준다.

예제 설명

위 예제 스크립트는 argparse 모듈을 이용해 사용자의 입력을 받아들여 호스
트 이름host, 포트 번호port, 타임아웃timeout 변수를 설정한다. 타임아웃 변수는 예
제 스크립트가 얼마나 오랫동안 해당 네트워크 서비스를 기다려야 하는지 지
정한다. 이 예제 스크립트는 NetServiceChecker 클래스의 객체를 생성한 후
check() 메소드를 호출한다. 이 메소드는 기다려야 하는 시간을 계산한 후 소켓의
settimeout() 메소드를 호출해 반복문 내에서 각 순회 시마다 다음 타임아웃 시
간(next_time)을 지정한다. 그런 후 소켓의 connect() 메소드를 이용해 소켓의 타
임아웃이 발생하기 전까지 원하는 네트워크 서비스가 이용 가능한지 점검한다. 또
한 이 메소드는 소켓 타임아웃 에러가 발생하면 현재 소켓의 타임아웃 시간과 사
용자가 지정한 타임아웃 시간을 비교한다.

컴퓨터에 있는 모든 네트워크 인터페이스 찾기

컴퓨터에 존재하는 네트워크 인터페이스를 나열해야 한다면 파이썬으로는 전혀 복잡하지 않다. 단 몇 줄로 이 작업을 수행할 수 있는 외부 라이브러리가 한두 개 있지만, 여기서는 순수 소켓 함수들만을 사용해 프로그램을 작성해보자.

준비

이 예제는 리눅스 환경에서 실행해야 한다. 사용 가능한 네트워크 인터페이스 목록을 얻으려면 다음과 같은 명령을 실행한다.

```
$ /sbin/ifconfig
```

예제 구현

리스트 3.4 네트워크 인터페이스 목록을 보여주는 코드

```python
#!/usr/bin/env python
# Python Network Programming Cookbook -- Chapter - 3
# This program is optimized for Python 2.7.
# It may run on any other version with/without modifications.

import sys
import socket
import fcntl
import struct
import array

SIOCGIFCONF = 0x8912 #from C library sockios.h
STUCT_SIZE_32 = 32
STUCT_SIZE_64 = 40
PLATFORM_32_MAX_NUMBER = 2**32
DEFAULT_INTERFACES = 8
```

```python
def list_interfaces():
    interfaces = []
    max_interfaces = DEFAULT_INTERFACES
    is_64bits = sys.maxsize > PLATFORM_32_MAX_NUMBER
    struct_size = STUCT_SIZE_64 if is_64bits else STUCT_SIZE_32
    sock = socket.socket(socket.AF_INET, socket.SOCK_DGRAM)
    while True:
        bytes = max_interfaces * struct_size
        interface_names = array.array('B', '\0' * bytes)
        sock_info = fcntl.ioctl(
            sock.fileno(),
            SIOCGIFCONF,
            struct.pack('iL', bytes,interface_names.buffer_info()[0])
        )
        outbytes = struct.unpack('iL', sock_info)[0]
        if outbytes == bytes:
            max_interfaces *= 2
        else:
            break
    namestr = interface_names.tostring()
    for i in range(0, outbytes, struct_size):
        interfaces.append((namestr[i:i+16].split('\0', 1)[0]))
    return interfaces

if __name__ == '__main__':
    interfaces = list_interfaces()
    print "This machine has %s network interfaces: %s." 
%(len(interfaces), interface)
```

위의 예제 스크립트를 실행하면 다음과 같이 네트워크 인터페이스 목록을 보여
준다.

```
$ python 3_4_list_network_interfaces.py
This machine has 2 network interfaces: ['lo', 'eth0'].
```

이 예제 코드는 시스템에 존재하는 네트워크 인터페이스를 찾기 위해 저수준 소켓 기능을 이용한다. 유일한 `list_interfaces()` 메소드는 소켓 객체를 생성한 후 이 객체를 이용해 네트워크 인터페이스 정보를 찾는다. 이 작업은 fnctl 모듈에 있는 `ioctl()` 메소드를 호출해 처리한다. fnctl 모듈은 `fnctl()` 같은 몇몇 전통적인 유닉스 함수를 사용한다. 이 함수는 소켓의 파일 디스크립터를 이용해 I/O 작업을 수행한다. 이 디스크립터는 소켓 객체상에서 `fileno()` 메소드를 호출해 얻는다.

`ioctl()` 메소드의 다른 매개변수에는 C 소켓 라이브러리에 정의된 SIOCGIFADDR 상수와 struct 모듈의 `pack()` 메소드를 호출해 생성한 데이터 구조가 있다. 이 데이터 구조가 가리키는 메모리의 내용은 `ioctl()` 호출의 결과로 수정된다. 이번 경우 interface_names 변수가 이 값을 갖는다. `ioctl()` 호출의 결과를 받은 sock_info를 언팩한 데이터에서 네트워크 인터페이스의 개수를 확인해 인터페이스의 개수가 최대 인터페이스 개수만큼 존재한다면 최대 네트워크 인터페이스의 수를 2배로 증가시킨 후 while 루프를 반복해 다시 `ioctl()`을 실행한다. 이렇게 하면 프로그램 실행 초기에 최대 가능 네트워크 인터페이스 개수를 잘못 설정했다 하더라도 모든 네트워크 인터페이스를 찾을 수 있게 다시 while 루프를 자동으로 실행할 수 있게 된다.

찾은 네트워크 인터페이스의 이름이 담긴 interface_names 변수의 내용을 문자열로 변환해 추출한다. 이 변수의 특정 필드를 읽어서 네트워크 인터페이스 목록에 그 값을 추가한다. `list_interfaces()` 함수를 종료할 때 이 목록을 반환한다.

컴퓨터의 특정 네트워크 인터페이스 IP 주소 얻기

때로는 파이썬 네트워크 애플리케이션에서 특정 네트워크 인터페이스의 IP 주소를 찾아야 할 때가 있다.

이 예제는 리눅스 환경에서만 동작한다. 윈도우나 매킨토시 플랫폼에서 비슷한 기능을 제공하도록 설계된 몇몇 파이썬 모듈이 있다. 예로 윈도우 플랫폼에서만 동작하는 http://sourceforge.net/projects/pywin32/를 참고하라.

컴퓨터의 IP 주소를 질의하려면 fnctl 모듈을 이용해야 한다.

리스트 3.5 컴퓨터의 특정 인터페이스 IP 주소를 찾는 방법

```python
#!/usr/bin/env python
# Python Network Programming Cookbook -- Chapter - 3
# This program is optimized for Python 2.7.
# It may run on any other version with/without modifications.

import argparse
import sys
import socket
import fcntl
import struct
import array

def get_ip_address(ifname):
    s = socket.socket(socket.AF_INET, socket.SOCK_DGRAM)
    return socket.inet_ntoa(fcntl.ioctl(
        s.fileno(),
        0x8915, # SIOCGIFADDR
        struct.pack('256s', ifname[:15])
```

```
        )[20:24])

if __name__ == '__main__':
    #interfaces = list_interfaces()
    parser = argparse.ArgumentParser(description='Python networking
utils')
    parser.add_argument('--ifname', action="store", dest="ifname",
required=True)
    given_args = parser.parse_args()
    ifname = given_args.ifname
    print "Interface [%s] --> IP: %s" %(ifname, get_ip_address(ifname))
```

이 스크립트를 실행하면 다음과 같이 결과를 한 줄로 보여준다.

```
$ python 3_5_get_interface_ip_address.py --ifname=eth0
Interface [eth0] --> IP: 10.0.2.15
```

이 예제는 앞 예제와 비슷하다. 이 예제는 명령행 인자로 IP 주소를 얻으려는 네트
워크 인터페이스의 이름을 받는다. get_ip_address() 함수는 소켓 객체를 생성
한 후 IP 정보를 질의하기 위해 이 소켓상에서 fnctl.ioctl() 함수를 호출한다.
socket.inet_ntoa() 함수는 이진 데이터를 사람이 읽을 수 있는 친숙한 점 포맷
인 IP 문자열로 변환해주는 함수다.

컴퓨터상의 네트워크 인터페이스 사용 가능 여부 알아내기

컴퓨터에 여러 개의 네트워크 인터페이스가 존재하는 경우 특정 인터페이스를 사
용하려고 할 때 먼저 그 인터페이스가 사용 가능한지, 네트워크 인터페이스의 상
태를 알고 싶을 수 있다. 즉 명령어로 실제로 사용 중인 인터페이스를 통해 통신할
수 있기를 원한다.

이 예제는 리눅스 장비에서만 동작한다. 그러므로 이 스크립트는 윈도우나 매킨토시 컴퓨터에서는 제대로 동작하지 않는다. 이 예제에서는 유명한 네트워크 스캐닝 scanning 도구인 nmap을 이용한다. nmap에 대한 자세한 사항은 http://nmap.org/를 참고하라.

이 예제를 위해 python-nmap 모듈도 필요하다. 이 모듈은 다음과 같이 pip 명령을 통해 설치할 수 있다.

```
$ pip install python-nmap
```

소켓 객체를 생성한 후 그 소켓에 연결된 네트워크 인터페이스의 IP 주소를 얻을 수 있다. 그러면 그 인터페이스의 상태를 조사하기 위해 스캐닝 기술을 이용한다.

리스트 3.6 네트워크 인터페이스의 상태를 얻는 방법

```python
#!/usr/bin/env python
# Python Network Programming Cookbook -- Chapter - 3
# This program is optimized for Python 2.7.
# It may run on any other version with/without modifications.

import argparse
import socket
import struct
import fcntl
import nmap

SAMPLE_PORTS = '21-23'

def get_interface_status(ifname):
    sock = socket.socket(socket.AF_INET, socket.SOCK_DGRAM)
    ip_address = socket.inet_ntoa(fcntl.ioctl(
```

```
        sock.fileno(),
        0x8915, #SIOCGIFADDR, C socket library sockios.h
        struct.pack('256s', ifname[:15])
    )[20:24])
    nm = nmap.PortScanner()
    nm.scan(ip_address, SAMPLE_PORTS)
    return nm[ip_address].state()

if __name__ == '__main__':
    parser = argparse.ArgumentParser(description='Python networking
utils')
    parser.add_argument('--ifname', action="store", dest="ifname",
required=True)
    given_args = parser.parse_args()
    ifname = given_args.ifname
    print "Interface [%s] is: %s" %(ifname, get_interface_status(ifname))
```

이 스크립트를 실행해 eth0의 상태를 문의하면 다음과 비슷한 결과를 보여준다.

```
$ python 3_6_find_network_interface_status.py --ifname=eth0
Interface [eth0] is: up
```

예제 분석

이 예제는 특정 인터페이스의 이름을 명령행 인자로 받아서 이를 get_inerface_status() 함수에 전달한다. 이 함수는 UDP 소켓 객체를 이용해 그 인터페이스의 IP 주소를 찾는다.

이 예제는 외부 모듈인 nmap이 필요하다. pip install 명령을 이용해 이 모듈을 설치할 수 있다. nmap 모듈의 PortScanner() 메소드를 호출해 nmap의 객체 nm을 생성했다. 초기에 내부 IP 주소를 읽으면서 연결된 네트워크 인터페이스의 상태를 얻을 수 있다.

내부 네트워크상에서 비활성화된 컴퓨터 탐지

만약 여러분에게 여러분 내부 네트워크의 여러 컴퓨터 IP 주소 목록이 있고 주기적으로 어떤 컴퓨터들이 네트워크상에서 비활성화 상태인지 알아내는 스크립트를 작성하는 일이 주어졌다고 하자. 이를 위해 목록에 있는 컴퓨터에 아무런 프로그램도 설치하지 않고 네트워크를 스캐닝하는 프로그램을 만들기 원한다.

준비

이 예제는 Scapy 라이브러리(버전 2.2 이상)를 필요로 한다. 이 라이브러리는 http://www.secdev.org/projects/scapy/files/scapy-latest.zip에서 내려받을 수 있다.

예제 구현

Scapy는 풍부한 기능을 갖춘 네트워크 분석 라이브러리로, ICMP 스캐닝을 실행한다. 이 작업을 주기적으로 실행해야 하므로 이 스캐닝 작업을 스케줄링하는 sched 모듈이 필요하다.

리스트 3.7 비활성화 상태인 컴퓨터들을 탐지하는 방법

```
#!/usr/bin/env python
# Python Network Programming Cookbook -- Chapter - 3
# This program is optimized for Python 2.7.
# It may run on any other version with/without modifications.
# This recipe requires scapy-2.2.0 or higher

import argparse
import time
import sched
from scapy.all import sr, srp, IP, UDP, ICMP, TCP, ARP, Ether

RUN_FREQUENCY = 10

scheduler = sched.scheduler(time.time, time.sleep)
```

```python
def detect_inactive_hosts(scan_hosts):
    """
    Scans the network to find scan_hosts are live or dead
    scan_hosts can be like 10.0.2.2-4 to cover range.
    See Scapy docs for specifying targets.
    """
    global scheduler
    scheduler.enter(RUN_FREQUENCY, 1, detect_inactive_hosts, (scan_hosts, ))
    inactive_hosts = []
    try:
        ans, unans = sr(IP(dst=scan_hosts)/ICMP(),retry=0, timeout=1)
        ans.summary(lambda(s,r) : r.sprintf("%IP.src% is alive"))
        for inactive in unans:
            print "%s is inactive" %inactive.dst
            inactive_hosts.append(inactive.dst)

        print "Total %d hosts are inactive" %(len(inactive_hosts))
    except KeyboardInterrupt:
        exit(0)


if __name__ == "__main__":
    parser = argparse.ArgumentParser(description='Python networking
utils')
    parser.add_argument('--scan-hosts', action="store", dest="scan_hosts",
required=True)
    given_args = parser.parse_args()
    scan_hosts = given_args.scan_hosts
    scheduler.enter(1, 1, detect_inactive_hosts, (scan_hosts, ))
    scheduler.run()
```

이 스크립트의 실행 결과는 다음과 비슷해야 한다.

```
$ sudo python 3_7_detect_inactive_machines.py --scan-hosts=10.0.2.2-4
Begin emission:
.*...Finished to send 3 packets.
.

Received 6 packets, got 1 answers, remaining 2 packets
10.0.2.2 is alive
10.0.2.4 is inactive
```

```
10.0.2.3 is inactive
Total 2 hosts are inactive
Begin emission:
*.Finished to send 3 packets.
Received 3 packets, got 1 answers, remaining 2 packets
10.0.2.2 is alive
10.0.2.4 is inactive
10.0.2.3 is inactive
Total 2 hosts are inactive
```

예제 분석

이 예제 스크립트는 먼저 scan_hosts 변수를 통해 네트워크 호스트의 목록을 명령행 인자로부터 넘겨받는다. 그런 후 1초간 지연한 뒤에 detect_inactive_hosts() 함수를 실행하도록 스케줄을 생성한다. 이 함수는 scan_hosts를 매개변수로 넘겨 받고 Scapy의 sr() 함수를 호출한다.

이 함수는 schedule.enter() 함수를 다시 한 번 호출한 후에 10초마다 자신을 다시 실행하도록 스케줄링한다. 이런 식으로 네트워크 스캐닝 작업을 주기적으로 실행한다.

Scapy의 sr() 스캐닝 함수는 IP 주소 목록, 하위 프로토콜, 그 외 스캐닝 관련 정보를 매개변수로 취한다. 이 예제에서 IP() 메소드는 스캐닝할 호스트를 담은 scan_hosts를 매개변수로 취한다. 하위 프로토콜에는 ICMP를 지정했다. 이 매개변수에는 TCP나 UDP를 지정할 수 있다. 재시도 옵션을 지정하지 않으며 타임아웃을 1초로 지정해 스크립트를 좀 더 빠르게 실행한다. 원한다면 구미에 맞게 이 옵션을 변경할 수 있다.

스캐닝 함수 sr()은 응답하는 호스트와 응답하지 않는 호스트 정보를 튜플tuple로 반환한다. 이번 예제의 경우 응답하지 않는 호스트의 정보를 이용해 목록을 구성한 다음 그 정보를 출력한다.

연결된 소켓(socketpair)을 이용한 기본적인 IPC 실행

때로 두 스크립트로 프로세스 간에 어떤 정보를 교환해야 할 때가 있다. 유닉스/리눅스에서는 연결된 소켓, 즉 socketpair라는 개념이 존재한다. 이번 예제에서는 이를 이용해본다.

준비

이 예제는 유닉스, 리눅스 호스트를 대상으로 설계됐다. 윈도우나 매킨토시에서는 이 예제를 실행할 수 없다.

예제 구현

소켓 객체의 socketpair() 함수를 테스트하는 test_socketpair() 함수를 작성한다.

리스트 3.8 socketpair 사용 예

```python
#!/usr/bin/env python
# Python Network Programming Cookbook -- Chapter - 3
# This program is optimized for Python 2.7.
# It may run on any other version with/without modifications.

import socket
import os

BUFSIZE = 1024

def test_socketpair():
    """ Test Unix socketpair"""
    parent, child = socket.socketpair()
    pid = os.fork()
    try:
        if pid:
            print "@Parent, sending message..."
```

3_ IPv6, 유닉스 도메인 소켓, 네트워크 인터페이스 | 109

```
            child.close()
            parent.sendall("Hello from parent!")
            response = parent.recv(BUFSIZE)
            print "Response from child:", response
            parent.close()
        else:
            print "@Child, waiting for message from parent"
            parent.close()
            message = child.recv(BUFSIZE)
            print "Message from parent:", message
            child.sendall("Hello from child!!")
            child.close()
    except Exception, err:
        print "Error: %s" %err

if __name__ == '__main__':
    test_socketpair()
```

이 스크립트를 실행한 결과는 다음과 같다.

```
$ python 3_8_ipc_using_socketpairs.py
@Parent, sending message...
@Child, waiting for message from parent
Message from parent: Hello from parent!
Response from child: Hello from child!!
```

예제 분석

socket.socketpair() 함수는 서로 연결된 두 소켓 객체를 반환한다. 이 예제의 경우 하나는 부모 프로세스에서 사용하고 다른 하나는 자식 프로세스에서 사용한다. os.fork() 함수를 호출해 또 다른 프로세스를 생성한다. 이 함수는 부모의 프로세스 아이디를 반환한다. 각 프로세스에서는 먼저 다른 프로세스의 소켓을 종료한 후 각 프로세스의 소켓상에서 sendall() 메소드를 호출해 메시지를 교환한다. try-except 블록을 이용해 예외가 발생하는 경우 이를 처리한다.

유닉스 도메인 소켓을 이용한 IPC 실행

때로는 두 프로세스 간 통신에 **유닉스 도메인 소켓**UDS, Unix domain sockets을 간편하게
사용할 수 있다. 유닉스에서는 모든 것이 개념적으로 파일이다. 이 방식을 사용한
IPC에 대한 예가 필요하다면 이번 예제는 유용할 것이다.

예제 구현

먼저 파일 시스템상의 경로path에 바인딩할 서버를 만든 후 서버와 통신하기 위해
같은 경로를 이용하는 UDS 클라이언트를 만들어보자.

리스트 3.9a 유닉스 도메인 소켓 서버

```python
#!/usr/bin/env python
# Python Network Programming Cookbook -- Chapter - 3
# This program is optimized for Python 2.7.
# It may run on any other version with/without modifications.


import socket
import os
import time

SERVER_PATH = "/tmp/python_unix_socket_server"

def run_unix_domain_socket_server():
    if os.path.exists(SERVER_PATH):
        os.remove(SERVER_PATH)

    print "starting unix domain socket server."
    server = socket.socket(socket.AF_UNIX, socket.SOCK_DGRAM)
    server.bind(SERVER_PATH)

    print "Listening on path: %s" %SERVER_PATH
    while True:
        datagram = server.recv(1024)
        if not datagram:
            break
```

```
        else:
            print "-" * 20
            print datagram
        if "DONE" == datagram:
            break
    print "-" * 20
    print "Server is shutting down now..."
    server.close()
    os.remove(SERVER_PATH)
    print "Server shutdown and path removed."

if __name__ == '__main__':
    run_unix_domain_socket_server()
```

리스트 3.9b UDS 클라이언트

```
#!/usr/bin/env python
# Python Network Programming Cookbook -- Chapter - 3
# This program is optimized for Python 2.7.
# It may run on any other version with/without modifications.

import socket
import sys

SERVER_PATH = "/tmp/python_unix_socket_server"

def run_unix_domain_socket_client():
    """ Run "a Unix domain socket client """
    sock = socket.socket(socket.AF_UNIX, socket.SOCK_DGRAM)

    # Connect the socket to the path where the server is listening
    server_address = SERVER_PATH
    print "connecting to %s" % server_address
    try:
        sock.connect(server_address)
    except socket.error, msg:
        print >>sys.stderr, msg
        sys.exit(1)
```

```
  try:
    message = "This is the message. This will be echoed back!"
    print "Sending [%s]" %message
    sock.sendall(message)
    amount_received = 0
    amount_expected = len(message)

    while amount_received < amount_expected:
      data = sock.recv(16)
      amount_received += len(data)
      print >>sys.stderr, "Received [%s]" % data
  finally:
    print "Closing client"
    sock.close()

if __name__ == '__main__':
  run_unix_domain_socket_client()
```

다음은 서버 스크립트 실행 결과다.

$ python 3_9a_unix_domain_socket_server.py
starting unix domain socket server.
Listening on path: /tmp/python_unix_socket_server

This is the message. This will be echoed back!

다음은 클라이언트의 실행 결과다.

$ python 3_9b_unix_domain_socket_client.py
connecting to /tmp/python_unix_socket_server
Sending [This is the message. This will be echoed back!]

예제 분석

UDS 클라이언트와 서버가 상호 통신하기 위해 공통 경로를 정의했다. 클라이언트와 서버 모두 같은 경로에 연결한 후 대기한다.

서버 코드에서는 만약 동일한 스크립트를 이미 실행해 지정 경로가 이미 존재하면 이 경로를 제거한다. 그런 후 유닉스 데이터그램datagram 소켓을 생성해 이를 지정한 경로에 바인딩한다. 그 다음으로 연결 요청을 위해 대기한다. 데이터를 처리하는 반복문에서는 recv() 메소드를 이용해 클라이언트로부터 데이터를 얻어서 화면에 이를 출력한다.

클라이언트 단의 코드는 단순히 유닉스 데이터그램 소켓을 연 후 공유된 서버 주소에 연결한다. 그런 후 sendall()을 이용해 서버에 메시지를 전송한 후 전송한 메시지가 다시 되돌아오길 기다린다. 되돌아온 메시지를 수신해 이를 화면에 출력한다.

파이썬의 IPv6 소켓 지원 여부 확인

새로운 애플리케이션에서 IPv6를 채택하는 경우가 점점 더 많아지고 있다. IPv6용 애플리케이션을 작성하려는 경우 먼저 대상 컴퓨터가 IPv6를 지원하는지 알아야한다. 리눅스나 유닉스 명령행에서는 다음과 같이 확인할 수 있다.

```
$ cat /proc/net/if_inet6
00000000000000000000000000000001 01 80 10 80      lo
fe800000000000000a0027fffe950d1a 02 40 20 80      eth0
```

파이썬 스크립트를 사용해 컴퓨터와 파이썬이 IPv6를 지원하는지 확인할 수 있다.

준비

이 예제를 위해 먼저 pip 명령을 이용해 netifaces 라이브러리를 설치한다.

```
$ pip install netifaces
```

netifaces 외부 라이브러리를 이용해 컴퓨터가 IPv6를 지원하는지 알아낼 수 있다. 이 라이브러리의 interfaces() 함수를 호출해 현재 시스템에 있는 모든 인터페이스를 나열한다.

리스트 3.10 파이썬 IPv6 지원 여부를 점검하는 스크립트

```python
#!/usr/bin/env python
# Python Network Programming Cookbook -- Chapter - 3
# This program is optimized for Python 2.7.
# It may run on any other version with/without modifications.
# This program depends on Python module netifaces => 0.8

import socket
import argparse
import netifaces as ni

def inspect_ipv6_support():
    """ Find the ipv6 address"""
    print "IPV6 support built into Python: %s" %socket.has_ipv6
    ipv6_addr = {}
    for interface in ni.interfaces():
        all_addresses = ni.ifaddresses(interface)
        print "Interface %s:" %interface
        for family,addrs in all_addresses.iteritems():
            fam_name = ni.address_families[family]
            print '  Address family: %s' % fam_name
            for addr in addrs:
                if fam_name == 'AF_INET6':
                    ipv6_addr[interface] = addr['addr']
                print '    Address  : %s' % addr['addr']
                nmask = addr.get('netmask', None)
                if nmask:
                    print '    Netmask  : %s' % nmask
                bcast = addr.get('broadcast', None)
                if bcast:
```

```
                print '    Broadcast: %s' % bcast
    if ipv6_addr:
        print "Found IPv6 address: %s" %ipv6_addr
    else:
        print "No IPv6 interface found!"


if __name__ == '__main__':
    inspect_ipv6_support()
```

이 스크립트를 실행하면 다음과 비슷한 결과가 나온다.

```
$ python 3_10_check_ipv6_support.py
IPV6 support built into Python: True
Interface lo:
  Address family: AF_PACKET
    Address  : 00:00:00:00:00:00
  Address family: AF_INET
    Address  : 127.0.0.1
    Netmask  : 255.0.0.0
  Address family: AF_INET6
    Address  : ::1
    Netmask  : ffff:ffff:ffff:ffff:ffff:ffff:ffff:ffff
Interface eth0:
  Address family: AF_PACKET
    Address  : 08:00:27:95:0d:1a
    Broadcast: ff:ff:ff:ff:ff:ff
  Address family: AF_INET
    Address  : 10.0.2.15
    Netmask  : 255.255.255.0
    Broadcast: 10.0.2.255
  Address family: AF_INET6
    Address  : fe80::a00:27ff:fe95:d1a
    Netmask  : ffff:ffff:ffff:ffff::
Found IPv6 address: {'lo': '::1', 'eth0': 'fe80::a00:27ff:fe95:d1a'}
```

다음 그림은 IPv6 클라이언트와 서버 사이의 통신 내용을 보여준다.

예제 분석

inspect_ipv6_support()는 IPv6 지원 여부를 점검하는 함수로, 먼저 socket. has_ipv6를 이용해 파이썬이 IPv6를 지원하는지 확인한다. 그 다음으로 netifaces 모듈에 있는 interfaces() 함수를 호출한다. 이 함수는 모든 네트워크 인터페이스의 목록을 반환한다. ifaddresses() 메소드에 네트워크 인터페이스를 매개변수로 전달하면 이 인터페이스에 할당된 모든 IP 주소의 목록을 얻을 수 있다. 또한 IP와 관련한 정보, 즉 프로토콜 타입, 주소, 넷마스크netmask, 브로드캐스트 주소 정보를 추출한다. 이때 프로토콜의 타입이 AF_INET6이면 이 주소를 IPv6_address 딕셔너리 객체에 넣는다.

IPv6 주소로부터 IPv6 프리픽스 추출

IPv6 애플리케이션을 작성하다 보면, 주어진 IPv6 주소로부터 프리픽스prefix 정보를 추출해야 할 때가 가끔 있다. RFC 3513에 따르면 IPv6의 주소 중 상위 64비트는 전역 라우팅 프리픽스와 서브넷 아이디subnet ID를 나타낸다. 광역 프리픽스 general prefix(예: /48)는 좀 더 길며 구체적인 프리픽스(예: /64)에 기반한 짧은 프리픽스다. 파이썬 스크립트를 사용해 이 프리픽스 정보를 쉽게 얻을 수 있다.

예제 구현

주어진 IPv6 주소에서 IPv6 프리픽스 정보를 얻기 위해 netifaces와 netaddr 라이브러리를 이용할 수 있다.

```python
#!/usr/bin/env python
# Python Network Programming Cookbook -- Chapter - 3
# This program is optimized for Python 2.7.
# It may run on any other version with/without modifications.

import socket
import netifaces as ni
import netaddr as na

def extract_ipv6_info():
    """ Extracts IPv6 information"""
    print "IPV6 support built into Python: %s" %socket.has_ipv6
    for interface in ni.interfaces():
        all_addresses = ni.ifaddresses(interface)
        print "Interface %s:" %interface
        for family,addrs in all_addresses.iteritems():
            fam_name = ni.address_families[family]
            #print '  Address family: %s' % fam_name
            for addr in addrs:
                if fam_name == 'AF_INET6':
                    addr = addr['addr']
                    has_eth_string = addr.split("%eth")
```

```
                    if has_eth_string:
                        addr = addr.split("%eth")[0]
                    print " IP Address: %s" %na.IPNetwork(addr)
                    print " IP Version: %s" %na.IPNetwork(addr).version
                    print " IP Prefix length: %s" %na.IPNetwork(addr).prefixlen
                    print " Network: %s" %na.IPNetwork(addr).network
                    print " Broadcast: %s" %na.IPNetwork(addr).broadcast

if __name__ == '__main__':
    extract_ipv6_info()
```

이 스크립트를 실행하면 다음과 같은 결과를 얻는다.

```
$ python 3_11_extract_ipv6_prefix.py
IPV6 support built into Python: True
Interface lo:
 IP Address: ::1/128
 IP Version: 6
 IP Prefix length: 128
 Network: ::1
 Broadcast: ::1
Interface eth0:
 IP Address: fe80::a00:27ff:fe95:d1a/128
 IP Version: 6
 IP Prefix length: 128
 Network: fe80::a00:27ff:fe95:d1a
 Broadcast: fe80::a00:27ff:fe95:d1a
```

예제 분석

파이썬의 netifaces 모듈을 이용해 네트워크 인터페이스 정보와 IPv6 주소 목록을 얻을 수 있다. 이 모듈의 interfaces()와 ifaddresses() 함수로 이 작업을 수행한다. netaddr 모듈은 네트워크 주소를 조작할 때 특히 유용하다. 이 모듈은 IPNetwork라는 클래스를 갖고 있다. 이 클래스에 IPv4나 IPv6 주소를 제공하면 해당 네트워크의 프리픽스, 네트워크, 브로드캐스트 주소 등을 계산한다. 이번 예제에서는 이 클래스를 이용해 IP 주소의 버전, 프리픽스 길이, 네트워크, 브로드캐스트 속성을 얻어 출력했다.

IPv6 에코 클라이언트/서버 작성

IPv6와 호환 가능한 서버나 클라이언트를 만들 때 어떤 점이 IPv4의 경우와 다른지 궁금할 수 있다. 예제를 통해 알아보자.

예제 구현

IPv6를 이용한 에코 클라이언트/서버도 IPv4 버전과 동일한 방식을 사용해 구현한다. 유일한 주요 차이점이라면 IPv6 정보를 이용해 소켓을 어떻게 생성하는지이다.

리스트 3.12a IPv6 에코 서버

```python
#!/usr/bin/env python
# Python Network Programming Cookbook -- Chapter - 3
# This program is optimized for Python 2.7.
# It may run on any other version with/without modifications.


import argparse
import socket
import sys

HOST = 'localhost'

def echo_server(port, host=HOST):
    """Echo server using IPv6 """
    for res in socket.getaddrinfo(host, port, socket.AF_UNSPEC,
socket.SOCK_STREAM, 0, socket.AI_PASSIVE):
        af, socktype, proto, canonname, sa = res
        try:
            sock = socket.socket(af, socktype, proto)
        except socket.error, err:
```

```python
            print "Error: %s" %err

        try:
            sock.bind(sa)
            sock.listen(1)
            print "Server listening on %s:%s" %(host, port)
        except socket.error, msg:
            sock.close()
            continue
        break
        sys.exit(1)
    conn, addr = sock.accept()
    print 'Connected to', addr
    while True:
        data = conn.recv(1024)
        print "Received data from the client: [%s]" %data
        if not data: break
        conn.send(data)
        print "Sent data echoed back to the client: [%s]" %data
    conn.close()


if __name__ == '__main__':
    parser = argparse.ArgumentParser(description='IPv6 Socket Server
Example')
    parser.add_argument('--port', action="store", dest="port",
type=int, required=True)
    given_args = parser.parse_args()
    port = given_args.port
    echo_server(port)
```

리스트 3.12b IPv6 에코 클라이언트

```python
#!/usr/bin/env python
# Python Network Programming Cookbook -- Chapter - 3
# This program is optimized for Python 2.7.
# It may run on any other version with/without modifications.

import argparse
import socket
```

```python
import sys

HOST = 'localhost'
BUFSIZE = 1024

def ipv6_echo_client(port, host=HOST):
    for res in socket.getaddrinfo(host, port, socket.AF_UNSPEC,
socket.SOCK_STREAM):
        af, socktype, proto, canonname, sa = res
        try:
            sock = socket.socket(af, socktype, proto)
        except socket.error, err:
            print "Error:%s" %err
        try:
            sock.connect(sa)
        except socket.error, msg:
            sock.close()
            continue
        if sock is None:
            print 'Failed to open socket!'
            sys.exit(1)
        msg = "Hello from ipv6 client"
        print "Send data to server: %s" %msg
        sock.send(msg)
        while True:
            data = sock.recv(BUFSIZE)
            print 'Received from server', repr(data)
            if not data:
                break
        sock.close()

if __name__ == '__main__':
    parser = argparse.ArgumentParser(description='IPv6 socket client
example')
    parser.add_argument('--port', action="store", dest="port",
type=int, required=True)
    given_args = parser.parse_args()
```

```
        port = given_args.port
    ipv6_echo_client(port)
```

서버의 출력은 다음과 같다.

```
$ python 3_12a_ipv6_echo_server.py --port=8800
Server lisenting on localhost:8800
Connected to ('127.0.0.1', 35034)
Received data from the client: [Hello from ipv6 client]
Sent data echoed back to the client: [Hello from ipv6 client]
```

클라이언트의 출력은 다음과 같다.

```
$ python 3_12b_ipv6_echo_client.py --port=8800
Send data to server: Hello from ipv6 client
Received from server 'Hello from ipv6 client'
```

예제 분석

IPv6 에코 서버는 먼저 socket.getaddrinfo() 함수를 호출해서 IPv6 정보를 가져온다. TCP 소켓 생성 시 AF_UNSPEC를 프로토콜 매개변수로 지정했음을 주목하라. 호출의 결과로 넘어오는 정보는 다섯 가지 값을 가진 튜플이다. 이 중 세 가지 주소 타입address family, 소켓 타입, 프로토콜을 사용해 서버 소켓을 생성한다. 그런 후 이 소켓을 위 튜플로부터 얻은 소켓 주소로 바인딩한다. 연결 요청을 기다리다가 요청이 들어오면 이를 받아들인다. 연결이 성립된 후에는 클라이언트로부터 데이터를 수신한 후 이를 다시 돌려보낸다.

클라이언트 단의 코드에서는 먼저 IPv6 호환 클라이언트 소켓 객체를 생성한 후 send() 메소드를 이용해 데이터를 전송한다. 데이터가 서버로부터 다시 돌아오면 이를 recv() 메소드를 이용해 수신한다.

HTTP 프로그래밍 4

4장에서 다루는 내용은 다음과 같다.

- HTTP 서버로부터 데이터 내려받기

- 컴퓨터에서 HTTP 요청 처리

- 방문한 웹사이트의 쿠키 정보 추출

- 웹 폼을 웹 서버에 제출

- 프록시 서버를 통해 웹 요청 전송

- HEAD 요청을 이용해 특정 웹 페이지 존재 여부 확인

- 클라이언트 코드에서 모질라 파이어폭스로 둔갑시키기

- 웹 요청 시 HTTP 압축을 이용해 대역폭 줄이기

- 부분 내려받기와 내려받기 재개 기능을 갖춘 클라이언트 구현

- 파이썬과 OpenSSL을 이용한 간단한 HTTPS 서버 작성

소개

4장에서는 파이썬의 HTTP 프로토콜 관련 라이브러리를 몇 가지 외부 라이브러리와 함께 살펴본다. 예를 들어 requests 라이브러리를 이용하면 HTTP 요청을 좀더 깔끔하면서도 훌륭한 방식으로 처리할 수 있다. SSL을 사용하는 웹 서버 예제에서 OpenSSL 라이브러리를 사용한다.

공통적인 HTTP 프로토콜의 기능을 예제를 통해 설명한다. 예를 들어 POST 요청으로 웹 폼 제출하기, HTTP 패킷 헤더 정보 조작, 압축 사용 등에 관한 예제를 이번 장에서 다룬다.

HTTP 서버로부터 데이터 내려받기

HTTP 프로토콜을 사용해 웹 서버로부터 데이터를 가져올 수 있는 간단한 HTTP 클라이언트 프로그램을 만들고 싶을 때 이 예제는 여러분만의 웹 브라우저를 생성할 수 있는 기반을 닦을 수 있는 첫걸음이 될 수 있다.

예제 구현

파이썬의 httplib를 사용하는 파이썬 웹 브라우저로 www.python.org에 접속해보자.

리스트 4.1 간단한 HTTP 클라이언트 예제

```
#!/usr/bin/env python
# Python Network Programming Cookbook -- Chapter - 4
# This program is optimized for Python 2.7.
# It may run on any other version with/without modifications.

import argparse
import httplib

REMOTE_SERVER_HOST = 'www.python.org'
```

```python
REMOTE_SERVER_PATH = '/'

class HTTPClient:
    def __init__(self, host):
        self.host = host

    def fetch(self, path):
        http = httplib.HTTP(self.host)

        # Prepare header
        http.putrequest("GET", path)
        http.putheader("User-Agent", __file__)
        http.putheader("Host", self.host)
        http.putheader("Accept", "*/*")
        http.endheaders()

        try:
            errcode, errmsg, headers = http.getreply()

        except Exception, e:
            print "Client failed error code: %s message:%s headers:%s"
%(errcode, errmsg, headers)
        else:
            print "Got homepage from %s" %self.host

        file = http.getfile()
        return file.read()

if __name__ == "__main__":
    parser = argparse.ArgumentParser(description='HTTP Client Example')
    parser.add_argument('--host', action="store", dest="host",
default=REMOTE_SERVER_HOST)
    parser.add_argument('--path', action="store", dest="path",
default=REMOTE_SERVER_PATH)
    given_args = parser.parse_args()
    host, path = given_args.host, given_args.path
    client = HTTPClient(host)
    print client.fetch(path)
```

이 예제는 기본적으로 www.google.com의 페이지를 가져온다. 이 예제에 host
와 path를 매개변수로 지정해도 되고 안 해도 된다. 이 스크립트를 실행하면 다음
과 같은 결과를 보여준다.

```
$ python 4_1_download_data.py --host=www.google.com
Got homepage from www.google.com
<HTML><HEAD><meta http-equiv="content-type"
content="text/html;charset=utf-8">
<TITLE>302 Moved</TITLE></HEAD><BODY>
<H1>302 Moved</H1>
The document has moved
<A HREF="http://www.google.com/?gfe_rd=cr&amp;ei=oCpfU5HZLuKW8QeW-ICQCA">
here</A>.

</BODY></HTML>
```

만약 존재하지 않는 경로path를 지정해 이 스크립트를 실행하면 서버로부터 다음
과 같은 응답을 얻는다.

```
$ python 4_1_download_data.py --host=www.google.com --path='/notexist'
Got homepage from www.google.com
<!DOCTYPE html>
<html lang=en>
  <meta charset=utf-8>
  <meta name=viewport content="initial-scale=1, minimum-scale=1,
width=device-width">
  <title>Error 404 (Not Found)!!1</title>
  <style>
...
  </style>
  <a href=//www.google.com/><span id=logo aria-label=Google></span></a>
  <p><b>404.</b> <ins>That's an error.</ins>
  <p>The requested URL <code>/notexist&#39;</code> was not found on this
server.  <ins>That's all we know.</ins>
```

이 예제는 외부 호스트로부터 데이터를 가져오는 HTTPClient 클래스를 정의한다. 이 스크립트는 파이썬의 httplib 내장 라이브러리를 이용해 구축했다. fetch() 메소드에서는 HTTP() 함수와 putrequest()나 putheader() 같은 보조 함수를 이용해 HTTP 클라이언트를 임시로 생성한다. 이 클라이언트는 먼저 Get/path 문자열을 입력한 후 User-Agent에 현재 스크립트의 파일 이름(_file_)을 설정한다.

HTTP 요청을 실제로 처리하는 getreply() 메소드를 try-except 블록에 넣는다. getfile()로부터 응답을 조회한 후, 스트림의 내용을 읽는다.

컴퓨터에서 HTTP 요청 처리

자신만의 웹 서버를 만들려고 한다. 이 웹 서버는 클라이언트의 요청을 받으면 간단하게 'hello' 메시지를 전송한다.

파이썬에는 다음과 같은 명령으로 실행할 수 있는 매우 간단한 웹 서버가 실려 있다.

```
$ python -m SimpleHTTPServer 8080
```

이 명령으로 8080 포트에 웹 서버를 실행한다. 웹 브라우저에서 http://localhost:8080을 입력하면 이 웹 서버에 접근할 수 있다. 그러면 브라우저에 위의 명령을 입력한 곳인 디렉토리의 내용이 출력된다. 만약 index.html 같은 인덱스 파일이 디렉토리에 존재하면 브라우저에는 그 인덱스 파일을 출력한다. 자신만의 기능을 구현하는 웹 서버를 전부 제어하고 싶다면 직접 HTTP 서버를 작성해야 한다.

리스트 4.2 HTTP 웹 서버의 예제 코드

```python
#!/usr/bin/env python
# Python Network Programming Cookbook -- Chapter - 4
# This program is optimized for Python 2.7.
# It may run on any other version with/without modifications.

import argparse
import sys
from BaseHTTPServer import BaseHTTPRequestHandler, HTTPServer

DEFAULT_HOST = '127.0.0.1'
DEFAULT_PORT = 8800

class RequestHandler(BaseHTTPRequestHandler):
    """ Custom request handler"""

    def do_GET(self):
        """ Handler for the GET requests """
        self.send_response(200)
        self.send_header('Content-type','text/html')
        self.end_headers()
        # Send the message to browser
        self.wfile.write("Hello from server!")
        return

class CustomHTTPServer(HTTPServer):
    "A custom HTTP server"
    def __init__(self, host, port):
        server_address = (host, port)
        HTTPServer.__init__(self, server_address, RequestHandler)

def run_server(port):
    try:
        server= CustomHTTPServer(DEFAULT_HOST, port)
        print "Custom HTTP server started on port: %s" % port
        server.serve_forever()
    except Exception, err:
        print "Error:%s" %err
```

```
    except KeyboardInterrupt:
        print "Server interrupted and is shutting down..."
        server.socket.close()


if __name__ == "__main__":
    parser = argparse.ArgumentParser(description='Simple HTTP Server
Example')
    parser.add_argument('--port', action="store", dest="port", type=int,
default=DEFAULT_PORT)
    given_args = parser.parse_args()
    port = given_args.port
    run_server(port)
```

다음 그림은 이 HTTP 웹 서버를 실행해 접근한 화면이다.

만약 이 웹 서버를 실행해 브라우저로 접근하면 서버가 브라우저에게 'Hello from server!'라는 단 한 줄의 텍스트를 전송하며, 다음과 같다.

```
$ python 4_2_simple_http_server.py --port=8800
Custom HTTP server started on port: 8800
localhost - - [18/Apr/2013 13:39:33] "GET / HTTP/1.1" 200 -
localhost - - [18/Apr/2013 13:39:33] "GET /favicon.ico HTTP/1.1" 200
```

이 예제에서는 `HTTPServer` 클래스를 상속하는 `CustomHTTPServer` 클래스를 생성한다. 이 클래스의 생성자 메소드에서는 사용자가 입력한 주소와 포트 번호, 웹서버의 `RequestHandler` 클래스를 설정한다. 이 생성자에서 새로운 클라이언트가 접속할 때마다 서버는 이 클래스의 객체를 이용해서 요청을 처리한다.

`RequestHandler` 클라이언트의 `GET` 요청을 처리하며, `write()` 메소드를 이용해 HTTP 헤더(200 코드)와 함께 'Hello from server!'라는 요청 성공 메시지를 전송한다.

방문한 웹사이트의 쿠키 정보 추출

많은 웹사이트는 쿠키를 사용해 다양한 정보를 방문자의 하드 디스크에 저장한다. 파이썬을 이용해 이 쿠키 정보를 얻을 수 있으며, 경우에 따라서는 그 쿠키 정보를 이용해 해당 웹사이트에 자동으로 로그인할 수도 있다.

유명한 코드 공유 사이트인 www.bitbucket.org에 로그인을 시도해보자. 로그인 페이지인 https://bitbucket.org/account/signin/?next=/에서 로그인 정보를 제출해보자.

이제 각 폼 요소 ID를 따로 적어놓고 어떤 값을 제출해야 하는지 결정한다. 처음에 이 페이지를 방문한 후, 두 번째에는 홈페이지를 방문해 어떤 쿠키가 설정됐는지 관찰한다.

리스트 4.3 쿠키 정보 추출

```python
#!/usr/bin/env python
# Python Network Programming Cookbook -- Chapter - 4
# This program is optimized for Python 2.7.
# It may run on any other version with/without modifications.

import cookielib
import urllib
import urllib2

ID_USERNAME = 'id_username'
ID_PASSWORD = 'id_password'
USERNAME = 'you@email.com'
PASSWORD = 'mypassword'
LOGIN_URL = 'https://bitbucket.org/account/signin/?next=/'
NORMAL_URL = 'https://bitbucket.org/'

def extract_cookie_info():
    """ Fake login to a site with cookie"""
```

```
# setup cookie jar
cj = cookielib.CookieJar()
login_data = urllib.urlencode({ID_USERNAME : USERNAME,
                                ID_PASSWORD : PASSWORD})
# create url opener
opener = urllib2.build_opener(urllib2.HTTPCookieProcessor(cj))
resp = opener.open(LOGIN_URL, login_data)

# send login info
for cookie in cj:
    print "----First time cookie: %s --> %s" %(cookie.name, cookie.value)
print "Headers: %s" %resp.headers

# now access without any login info
resp = opener.open(NORMAL_URL)
for cookie in cj:
    print "++++Second time cookie: %s --> %s" %(cookie.name, cookie.value)

    print "Headers: %s" %resp.headers

if __name__ == '__main__':
    extract_cookie_info()
```

이 예제를 실행하면 다음과 같은 결과를 보여준다.

```
$ python 4_3_extract_cookie_information.py
----First time cookie: bb_session --> aed58dde1228571bf60466581790566d
Headers: Server: nginx/1.2.4
Date: Sun, 05 May 2013 15:13:56 GMT
Content-Type: text/html; charset=utf-8
Content-Length: 21167
Connection: close
X-Served-By: bitbucket04
Content-Language: en
X-Static-Version: c67fb01467cf
Expires: Sun, 05 May 2013 15:13:56 GMT
Vary: Accept-Language, Cookie
Last-Modified: Sun, 05 May 2013 15:13:56 GMT
X-Version: 14f9c66ad9db
ETag: "3ba81d9eb350c295a453b5ab6e88935e"
```

```
X-Request-Count: 310
Cache-Control: max-age=0
Set-Cookie: bb_session=aed58dde1228571bf60466581790566d; expires=Sun, 19-
May-2013 15:13:56 GMT; httponly; Max-Age=1209600; Path=/; secure

Strict-Transport-Security: max-age=2592000
X-Content-Type-Options: nosniff

++++Second time cookie: bb_session --> aed58dde1228571bf60466581790566d
Headers: Server: nginx/1.2.4
Date: Sun, 05 May 2013 15:13:57 GMT
Content-Type: text/html; charset=utf-8
Content-Length: 36787
Connection: close
X-Served-By: bitbucket02
Content-Language: en
X-Static-Version: c67fb01467cf
Vary: Accept-Language, Cookie
X-Version: 14f9c66ad9db
X-Request-Count: 97
Strict-Transport-Security: max-age=2592000
X-Content-Type-Options: nosniff
```

예제 분석

cookielib 파이썬 라이브러리를 이용해 쿠키 저장소 객체 cj를 설정한다. 로그인 데이터(사용자 이름과 비밀번호)를 urllib.urlencode를 이용해 인코딩한다. urllib2는 미리 정의한 쿠키 저장소 객체와 HTTPCookieProcessor 클래스의 객체를 매개변수로 받아들인 후, URL 오프너opener 객체를 반환한다. 이 오프너 객체의 open() 메소드를 두 번 호출한다. 첫 번째는 로그인 페이지를 위해 호출하고, 다른 한 번은 웹사이트의 기본 페이지를 열 때 호출한다. 로그인 페이지를 처음 연후 받은 응답 페이지의 헤더를 보면 오로지 bb_session이라는 하나의 쿠키만을 Set-Cookie 지시자로 설정했음을 볼 수 있다. cookielib에 대한 더 자세한 정보는 파이썬 공식 문서(http://docs.python.org/2/library/cookielib.html)를 참고할 수 있다.

웹 폼을 웹 서버에 제출

웹 서핑을 하다 보면 날마다 수많은 웹 폼을 제출한다. 여기서는 파이썬 코드를 이용해 제출해보자.

이 예제는 requests라는 외부 파이썬 모듈을 이용한다. http://docs.python-requests.org/en/latest/user/install/에 있는 설명을 참고해, 컴퓨터와 호환되는 버전의 모듈을 설치할 수 있다. 예로 pip를 사용하는 경우에는 다음과 같이 명령행을 이용해 설치할 수 있다.

```
$ pip install requests
```

가짜 데이터를 www.twitter.com에 몇 개 제출해보자. 폼을 제출할 때는 GET이나 POST, 두 방식 중 하나를 사용한다. 그다지 정보 보호에 민감하지 않은 데이터, 예를 들어 검색 질의문 같은 경우에는 주로 GET 방식을 사용하며 좀 더 중요한 데이터는 POST 방식을 이용해 전송한다. 두 방식 모두를 사용해 데이터를 제출해보자.

리스트 4.4 웹 폼 제출 예제

```python
#!/usr/bin/env python
# Python Network Programming Cookbook -- Chapter - 3
# This program is optimized for Python 2.7.
# It may run on any other version with/without modifications.

import requests
import urllib
import urllib2
```

```
ID_USERNAME = 'signup-user-name'
ID_EMAIL = 'signup-user-email'
ID_PASSWORD = 'signup-user-password'
USERNAME = 'username'
EMAIL = 'you@email.com'
PASSWORD = 'yourpassword'
SIGNUP_URL = 'https://twitter.com/account/create'


def submit_form():
    """Submit a form"""
    payload = {ID_USERNAME : USERNAME,
               ID_EMAIL    :   EMAIL,
               ID_PASSWORD : PASSWORD,}

    # make a get request
    resp = requests.get(SIGNUP_URL)
    print "Response to GET request: %s" %resp.content

    # send POST request
    resp = requests.post(SIGNUP_URL, payload)
    print "Headers from a POST request response: %s" %resp.headers
    #print "HTML Response: %s" %resp.read()

if __name__ == '__main__':
    submit_form()
```

이 스크립트를 실행하면 다음과 같은 결과를 볼 수 있다.

```
$ python 4_4_submit_web_form.py
Response to GET request: <?xml version="1.0" encoding="UTF-8"?>
<hash>
  <error>This method requires a POST.</error>
  <request>/account/create</request>
</hash>

Headers from a POST request response: {'status': '200 OK',
'content-length': '21064', 'set-cookie': '_twitter_sess=BAh7CD--
d2865d40d1365eeb2175559dc5e6b99f64ea39ff; domain=.twitter.com;
```

path=/; HttpOnly', 'expires': 'Tue, 31 Mar 1981 05:00:00 GMT',
'vary': 'Accept-Encoding', 'last-modified': 'Sun, 05 May 2013
15:59:27 GMT', 'pragma': 'no-cache', 'date': 'Sun, 05 May 2013
15:59:27 GMT', 'x-xss-protection': '1; mode=block', 'x-transaction':
'a4b425eda23b5312', 'content-encoding': 'gzip', 'strict-transport-
security': 'max-age=631138519', 'server': 'tfe', 'x-mid':
'f7cde9a3f3d111310427116adc90bf3e8c95e868', 'x-runtime': '0.09969',
'etag': '"7af6f92a7f7b4d37a6454caa6094071d"', 'cache-control': 'no-cache,
no-store, must-revalidate, pre-check=0, post-check=0', 'x-frame-
options': 'SAMEORIGIN', 'content-type': 'text/html;
charset=utf-8'}

예제 분석

이 예제는 외부 모듈인 requests를 이용한다. 이 모듈은 get(), post()라는 편리한 래퍼 메소드를 갖고 있으며, 제출할 폼 데이터를 URL 인코딩하고 적절하게 제출한다.

이 예제에서는 먼저 트위터 계정을 생성하기 위해 사용자 이름, 비밀번호, 이메일 주소를 갖는 데이터 패킷을 만들었다. 맨 처음에 GET 방식으로 폼을 제출하면 트위터 웹사이트는 해당 페이지는 오로지 POST만을 지원한다고 알리는 에러를 되돌려 보낸다. POST 방식으로 다시 데이터를 제출하면 해당 페이지가 처리한다. 반환된 패킷의 헤더에서 이를 확인할 수 있다.

프록시 서버를 통해 웹 요청 전송

프록시 서버를 이용해 웹 서핑을 할 수 있다. 만약 브라우저에서 프록시 서버를 이용하도록 설정해 사용하고 있다면 이 예제를 곧바로 실행할 수 있다. 그렇지 않다면 인터넷에서 찾은 공개 프록시 서버를 이용할 수 있다.

프록시 서버를 이용해야 한다면 구글이나 다른 검색엔진에서 공개 프록시 서버를 찾을 수 있다. 예제에서는 일례로 보여주기 위해 165.24.10.8을 이용했다.

예제 구현

공개 프록시 서버를 통해 HTTP 요청을 보내보자.

리스트 4.5 프록시 서버를 통해 웹 요청 전송

```python
#!/usr/bin/env python
# Python Network Programming Cookbook -- Chapter - 4
# This program is optimized for Python 2.7.
# It may run on any other version with/without modifications.

import urllib

URL = 'https://www.github.com'
PROXY_ADDRESS = "165.24.10.8:8080" # By Googling free proxy server

if __name__ == '__main__':
    resp = urllib.urlopen(URL, proxies = {"http" : PROXY_ADDRESS})
    print "Proxy server returns response headers: %s " %resp.headers
```

이 스크립트를 실행하면 다음과 같은 결과를 볼 수 있다.

```
$ python 4_5_proxy_web_request.py
Proxy server returns response headers: Server: GitHub.com
Date: Sun, 05 May 2013 16:16:04 GMT
Content-Type: text/html; charset=utf-8
Connection: close
Status: 200 OK
Cache-Control: private, max-age=0, must-revalidate
Strict-Transport-Security: max-age=2592000
X-Frame-Options: deny
Set-Cookie: logged_in=no; domain=.github.com; path=/; expires=Thu, 05-
```

```
May-2033 16:16:04 GMT; HttpOnly
Set-Cookie: _gh_sess=BAh7...; path=/; expires=Sun, 01-Jan-2023 00:00:00
GMT; secure; HttpOnly
X-Runtime: 8
ETag: "66fcc37865eb05c19b2d15fbb44cd7a9"
Content-Length: 10643
Vary: Accept-Encoding
```

예제 분석

이 예제에서는 구글 검색에서 발견한 공개 프록시 서버를 이용해 코드 공유 사이트인 www.github.com에 접속해봤다. 프록시 서버의 주소를 `urllib` 모듈의 `urlopen()` 메소드에 전달했다. HTTP 응답 패킷의 헤더를 출력해 프록시 서버 설정이 동작하고 있음을 확인했다.

HEAD 요청을 이용해 특정 웹 페이지 존재 여부 확인

웹 페이지의 실제 내용을 내려받지 않고 그 웹 페이지가 존재하는지만을 확인할 수 있다. 웹 브라우저 클라이언트는 이를 위해 HEAD 요청을 전송해야 한다. 위키피디아_{Wikipedia}에 따르면 HEAD 요청은 GET 요청 시에 수신하는 응답과 동일한 응답을 서버에 요구한다. 하지만 이때 응답 패킷의 헤더만을 요구한다. 이 방식은 실제 컨텐츠를 모두 전송할 필요 없이 응답 헤더에 있는 정보만을 조회할 때 유용하다.

예제 구현

www.python.org로 HEAD 요청을 전송해보자. 이때 기본 웹 페이지의 실제 컨텐츠를 내려받지 않는다. 대신에 이 스크립트는 단순히 서버가 OK, FOUND, MOVED_PERMANENTLY 등의 유효한 응답 중 하나를 반환하는지 확인한다.

리스트 4.6 HEAD 요청을 통해 웹 페이지 존재 여부 확인

```python
#!/usr/bin/env python
# Python Network Programming Cookbook -- Chapter - 4
# This program is optimized for Python 2.7.
# It may run on any other version with/without modifications.

import argparse
import httplib
import urlparse
import re
import urllib


DEFAULT_URL = 'http://www.python.org'
HTTP_GOOD_CODES =  [httplib.OK, httplib.FOUND, httplib.MOVED_PERMANENTLY]


def get_server_status_code(url):
    """
    Download just the header of a URL and
    return the server's status code.
    """
    host, path = urlparse.urlparse(url)[1:3]
    try:
        conn = httplib.HTTPConnection(host)
        conn.request('HEAD', path)
        return conn.getresponse().status
    except StandardError:
        return None


if __name__ == '__main__':
    parser = argparse.ArgumentParser(description='Example HEAD Request')
    parser.add_argument('--url', action="store", dest="url", default=DEFAULT_URL)
    given_args = parser.parse_args()
    url = given_args.url
    if get_server_status_code(url) in HTTP_GOOD_CODES:
        print "Server: %s status is OK: " %url
    else:
        print "Server: %s status is NOT OK!" %url
```

```
'''
python 4_6_checking_webpage_with_HEAD_request.py
Server: http://www.python.org status is OK!

$ python 4_6_checking_webpage_with_HEAD_request.py --url=http://www.
pytho.org
Server: http://www.pytho.org status is NOT OK!
'''
```

이 스크립트를 실행하면 요청한 웹 페이지의 존재 유무에 따라 성공 또는 오류 메
시지를 출력한다.

$ python 4_6_checking_webpage_with_HEAD_request.py
Server: http://www.python.org status is OK!
$ python 4_6_checking_webpage_with_HEAD_request.py --url=http://www.
zytho.org
Server: http://www.zytho.org status is NOT OK!

여기서는 `httplib` 라이브러리의 `HTTPConnection()` 메소드를 이용해 서버로
전송할 HEAD 요청을 만들 수 있다. 필요한 경우 URL의 경로를 지정할 수 있다.
`HTTPConnection()` 메소드는 www.python.org의 기본 페이지나 경로에 지정한
페이지가 있는지 확인한다. 만약 URL이 정확하지 않다면 서버로부터 수신한 응답
코드를 정상 응답 코드 목록(OK, FOUND, MOVED_PERMANENTLY)에서 찾을 수 없다.

클라이언트 코드에서 모질라 파이어폭스로 둔갑시키기

파이썬 코드상에서 웹 서버가 모질라 파이어폭스 브라우저를 이용해 접속한다고
믿게 만들 수 있다.

HTTP 요청 헤더에서 User-agent의 값을 자신이 원하는 값으로 수정할 수 있다.

리스트 4.7 클라이언트 코드에서 모질라 파이어폭스인 척하기

```python
#!/usr/bin/env python
# Python Network Programming Cookbook -- Chapter - 4
# This program is optimized for Python 2.7.
# It may run on any other version with/without modifications.

import urllib2

BROWSER = 'Mozilla/5.0 (Windows NT 5.1; rv:20.0) Gecko/20100101
Firefox/20.0'
URL = 'http://www.python.org'

def spoof_firefox():
    opener = urllib2.build_opener()
    opener.addheaders = [('User-agent', BROWSER)]
    result = opener.open(URL)
    print "Response headers:"
    for header in  result.headers.headers:
        print "\t",header

if __name__ == '__main__':
    spoof_firefox()
```

이 스크립트를 실행하면 다음과 같은 결과를 얻는다.

```
$ python 4_7_spoof_mozilla_firefox_in_client_code.py
Response headers:
    Date: Sun, 05 May 2013 16:56:36 GMT
    Server: Apache/2.2.16 (Debian)
    Last-Modified: Sun, 05 May 2013 00:51:40 GMT
    ETag: "105800d-5280-4dbedfcb07f00"
    Accept-Ranges: bytes
    Content-Length: 21120
    Vary: Accept-Encoding
    Connection: close
    Content-Type: text/html
```

urllib2의 build_opener() 메소드를 이용해 User-agent 문자열을 Mozilla/5.0 (Windows NT 5.1; rv:20.0) Gecko/20100101 Firefox/20.0으로 설정한 임시 브라우저를 생성했다.

웹 요청 시 HTTP 압축을 이용해 대역폭 줄이기

웹 서버 사용자가 웹 페이지를 내려받을 때 더 나은 성능을 제공하고 싶다면 HTTP 데이터를 압축해 웹 컨텐츠 전송 속도를 높일 수 있다.

gzip 포맷으로 컨텐츠를 압축해 클라이언트에게 전송하는 웹 서버를 만들어보자.

리스트 4.8 HTTP 압축을 사용하는 웹 서버

```python
#!/usr/bin/env python
# Python Network Programming Cookbook -- Chapter - 4
# This program is optimized for Python 2.7.
# It may run on any other version with/without modifications.

import argparse
import string
import os
import sys
import gzip
import cStringIO
from BaseHTTPServer import BaseHTTPRequestHandler, HTTPServer

DEFAULT_HOST = '127.0.0.1'
DEFAULT_PORT = 8800
HTML_CONTENT = """<html><body><h1>Compressed Hello  World!</h1></body></html>"""
```

```python
class RequestHandler(BaseHTTPRequestHandler):
    """ Custom request handler"""

    def do_GET(self):
        """ Handler for the GET requests """
        self.send_response(200)
        self.send_header('Content-type','text/html')
        self.send_header('Content-Encoding','gzip')

        zbuf = self.compress_buffer(HTML_CONTENT)
        sys.stdout.write("Content-Encoding: gzip\r\n")
        self.send_header('Content-Length',len(zbuf))
        self.end_headers()

        # Send the message to browser
        zbuf = self.compress_buffer(HTML_CONTENT)
        sys.stdout.write("Content-Encoding: gzip\r\n")
        sys.stdout.write("Content-Length: %d\r\n" % (len(zbuf)))
        sys.stdout.write("\r\n")
        self.wfile.write(zbuf)
        return

    def compress_buffer(self, buf):
        zbuf = cStringIO.StringIO()
        zfile = gzip.GzipFile(mode = 'wb',  fileobj = zbuf, compresslevel = 6)
        zfile.write(buf)
        zfile.close()
        return zbuf.getvalue()

if __name__ == '__main__':
    parser = argparse.ArgumentParser(description='Simple HTTP Server Example')
    parser.add_argument('--port', action="store", dest="port", type=int,
default=DEFAULT_PORT)
    given_args = parser.parse_args()
    port = given_args.port
    server_address =  (DEFAULT_HOST, port)
    server = HTTPServer(server_address, RequestHandler)
    server.serve_forever()
```

이 스크립트를 실행한 후, http://localhost:8800으로 웹 브라우저에 접근하면
HTTP 압축의 결과인 'Compressed Hello World!'라는 텍스트를 브라우저 화면
에서 볼 수 있다.

```
$ python 4_8_http_compression.py
localhost - - [22/Feb/2014 12:01:26] "GET / HTTP/1.1" 200 -
Content-Encoding: gzip
Content-Encoding: gzip
Content-Length: 71
localhost - - [22/Feb/2014 12:01:26] "GET /favicon.ico HTTP/1.1" 200 -
Content-Encoding: gzip
Content-Encoding: gzip
Content-Length: 71
```

다음 그림은 웹 서버를 통해 압축된 컨텐츠를 보여준다.

BaseHTTPServer 모듈에 있는 HTTPServer 클래스의 객체를 생성해 웹 서버로 사용한다. compress_buffer() 메소드를 이용해 모든 클라이언트 응답을 압축하는 사용자 정의 요청 핸들러를 서버에 연결한다. 이를 이용해 미리 만들어놓은 HTML 컨텐츠를 클라이언트에게 전송한다.

부분 내려받기와 내려받기 재개 기능을 갖춘 클라이언트 구현

서버로부터 파일을 내려받다가 실패한 경우 다시 내려받기를 재개하는 클라이언트를 만들고 싶을 수 있다.

예제 구현

www.python.org로부터 파이썬 2.7 코드를 내려받아 보자. resume_download() 함수는 다 내려받지 못한 파일의 내려받기를 재개하는 역할을 수행한다.

리스트 4.9 중단된 내려받기를 재개하는 코드

```python
#!/usr/bin/env python
# Python Network Programming Cookbook -- Chapter - 4
# This program is optimized for Python 2.7.
# It may run on any other version with/without modifications.

import urllib
import os

TARGET_URL = 'http://python.org/ftp/python/2.7.4/'
TARGET_FILE = 'Python-2.7.4.tgz'

class CustomURLOpener(urllib.FancyURLopener):
    """Override FancyURLopener to skip error 206 (when a
       partial file is being sent)
    """
```

```python
    def http_error_206(self, url, fp, errcode, errmsg, headers, data=None):
        pass

def resume_download():
  file_exists = False
  CustomURLClass = CustomURLOpener()
  if os.path.exists(TARGET_FILE):
    out_file = open(TARGET_FILE,"ab")
    file_exists = os.path.getsize(TARGET_FILE)
    #If the file exists, then only download the unfinished part
    CustomURLClass.addheader("range","bytes=%s-" % (file_exists))
  else:
    out_file = open(TARGET_FILE,"wb")

  web_page = CustomURLClass.open(TARGET_URL + TARGET_FILE)

  #Check if last download was OK
  if int(web_page.headers['Content-Length']) == file_exists:
    loop = 0
    print "File already downloaded!"

  byte_count = 0
  while True:
    data = web_page.read(8192)
    if not data:
      break
    out_file.write(data)
    byte_count = byte_count + len(data)

  web_page.close()
  out_file.close()

  for k,v in web_page.headers.items():
    print k, "=",v
  print "File copied", byte_count, "bytes from", web_page.url

if __name__ == '__main__':
  resume_download()
```

위 스크립트를 실행하면 다음과 같은 결과를 볼 수 있다.

```
$ python 4_9_http_fail_over_client.py
content-length = 14489063
content-encoding = x-gzip
accept-ranges = bytes
connection = close
server = Apache/2.2.16 (Debian)
last-modified = Sat, 06 Apr 2013 14:16:10 GMT
content-range = bytes 0-14489062/14489063
etag = "1748016-dd15e7-4d9b1d8685e80"
date = Tue, 07 May 2013 12:51:31 GMT
content-type = application/x-tar
File copied 14489063 bytes from http://python.org/ftp/python/2.7.4/
Python-2.7.4.tgz
```

예제 분석

이 예제에서는 `urllib`의 `FancyURLopener`를 상속하는 사용자 정의 `CustomURLOpener` 클래스를 생성했다. 다만 컨텐츠의 일부를 내려받도록 `http_error_206()`을 재정의한다. 따라서 `CustomURLOpener` 클래스는 대상 파일이 이미 하드 드라이브에 존재하면 나머지 부분만을 서버에 전송 요청을 하고, 만약 대상 파일이 하드 드라이브에 존재하지 않으면 전체 파일을 전송하도록 웹 서버에 요청한다.

파이썬과 OpenSSL을 이용한 간단한 HTTPS 서버 작성

파이썬을 이용해 보안 웹 서버를 만들 수 있다. 여기서는 여러분이 SSL 키와 인증서 파일을 미리 준비했다고 가정한다.

먼저 pyOpenSSL 모듈을 설치해야 한다. PyPI(https://pypi.python.org/pypi/pyOpenSSL)
에서 이 모듈을 얻을 수 있다. 윈도우와 리눅스 운영체제를 이용할 때는 추가적
으로 몇 가지 패키지를 설치해야 한다. 이에 대한 문서를 http://pythonhosted.
org/pyOpenSSL/에서 찾을 수 있다.

예제 구현

현재 작업 폴더에 인증서 파일을 복사한 후에 이 인증서를 이용해 암호화된 컨텐
츠를 전송하는 웹 서버를 만들 수 있다.

리스트 4.10 보안 HTTP 서버 예제 코드

```python
#!/usr/bin/env python
# Python Network Programming Cookbook -- Chapter - 4
# This program is optimized for Python 2.7.
# It may run on any other version with/without modifications.
# Requires pyOpenSSL and SSL packages installed

import socket, os
from SocketServer import BaseServer
from BaseHTTPServer import HTTPServer
from SimpleHTTPServer import SimpleHTTPRequestHandler
from OpenSSL import SSL

class SecureHTTPServer(HTTPServer):
    def __init__(self, server_address, HandlerClass):
        BaseServer.__init__(self, server_address, HandlerClass)
        ctx = SSL.Context(SSL.SSLv23_METHOD)
        fpem = 'server.pem' # location of the server private key and the
server certificate
        ctx.use_privatekey_file (fpem)
        ctx.use_certificate_file(fpem)
        self.socket = SSL.Connection(ctx, socket.socket(self.address_family,
                                        self.socket_type))
```

```
        self.server_bind()
        self.server_activate()

class SecureHTTPRequestHandler(SimpleHTTPRequestHandler):
    def setup(self):
        self.connection = self.request
        self.rfile = socket._fileobject(self.request, "rb", self.rbufsize)
        self.wfile = socket._fileobject(self.request, "wb", self.wbufsize)

def run_server(HandlerClass = SecureHTTPRequestHandler,
        ServerClass = SecureHTTPServer):
    server_address = ('', 4443) # port needs to be accessible by user
    server = ServerClass(server_address, HandlerClass)
    running_address = server.socket.getsockname()
    print "Serving HTTPS Server on %s:%s ..." %(running_address[0],
running_address[1])
    server.serve_forever()

if __name__ == '__main__':
    run_server()
```

이 예제 스크립트를 실행하면 다음과 같은 결과를 볼 수 있다.

$ python 4_10_https_server.py
Serving HTTPS Server on 0.0.0.0:4443 ...

예제 분석

위의 웹 서버 생성 코드를 보면 그 이전에 구현했던 웹 서버 코드와 그다지 차이가 많이 나지 않음을 알 수 있다. 가장 큰 차이점이라면 SSL Context() 메소드를 SSLv23_METHOD 인자와 같이 적용한다는 점뿐이다. 파이썬 OpenSSL 모듈의 Connection 클래스를 이용해 SSL 소켓을 생성했다. 이 클래스는 주소 타입과 소켓 타입을 포함한 SSL 컨텍스트 객체를 취한다.

서버의 인증서는 현재 디렉토리에 보관되어 있으며 이 인증서의 개인키와 인증서 정보를 컨텍스트 객체에 설정했다. 마지막으로, server_activate() 메소드를 이용해 서버를 활성화했다.

5

이메일, FTP,
CGI 프로그래밍

5장에서 다루는 내용은 다음과 같다.

- 외부 FTP 서버의 파일 목록 얻기

- 컴퓨터에 있는 파일을 FTP 서버에 업로드하기

- 현재 작업 디렉토리를 ZIP 파일로 압축해 이메일로 전송하기

- POP3로 구글 메일 내려받기

- IMAP으로 외부 서버에 있는 이메일 확인하기

- 지메일 SMTP 서버를 통해 첨부 파일이 있는 이메일 전송하기

- CGI로 파이썬 기반의 웹 서버에 방명록 작성하기

소개

5장에서는 FTP, 이메일, CGI 통신 프로토콜을 파이선 예제로 학습한다. 파이선은 매우 효율적이면서도 다루기 쉬운 언어다. 파이선을 이용해 파일 다운로드나 업로드 같은 간단한 FTP 동작을 쉽게 구현할 수 있다.

이 장에는 지메일Gmail이라고 알려져 있는 구글 이메일을 다루는 예제 같이 흥미로운 예제가 몇 개 있다. 이 예제들을 이용해 IMAP, POP3, SMTP 프로토콜을 통해서 이메일을 전송하거나 내려받을 수 있다. CGI 기능을 제공하는 웹 서버 예제에서는 방명록 작성 같은 CGI 작업을 수행하는 예도 보여준다.

외부 FTP 서버의 파일 목록 얻기

리눅스 커널 파일을 제공하는 공식 FTP 사이트인 ftp.kernel.org에 있는 파일 목록을 얻어보자. 원한다면 다른 FTP 사이트를 선택해도 된다.

준비

실제 FTP 사이트를 이용하려면 사용자 아이디와 비밀번호가 필요하다. 하지만 리눅스 커널 FTP 사이트에는 사용자 아이디와 비밀번호 없이 익명anonymous으로 접속할 수 있다.

예제 구현

선택한 FTP 사이트로부터 파일 리스트를 가져오기 위해 `ftplib` 라이브러리를 사용할 수 있다. 이 라이브러리에 대한 문서는 http://docs.python.org/2/library/ftplib.html에서 찾을 수 있다.

`ftplib`로 파일 일부를 어떻게 가져올 수 있는지 살펴보자.

리스트 5.1 간단한 FTP 연결 테스트 코드

```python
#!/usr/bin/env python
# Python Network Programming Cookbook -- Chapter - 5
# This program is optimized for Python 2.7.
# It may run on any other version with/without modifications.


FTP_SERVER_URL = 'ftp.kernel.org'

import ftplib

def test_ftp_connection(path, username, email):
    #Open ftp connection
    ftp = ftplib.FTP(path, username, email)

    #List the files in the /pub directory
    ftp.cwd("/pub")
    print "File list at %s:" %path
    files = ftp.dir()
    print files

    ftp.quit()

if __name__ == '__main__':
    test_ftp_connection(path=FTP_SERVER_URL, username='anonymous',
                        email='nobody@nourl.com',
                        )
```

이 예제를 실행하면 ftp.kernel.org/pub 폴더에 있는 파일과 하위 폴더를 나열한다.

```
$ python 5_1_list_files_on_ftp_server.py
File list at ftp.kernel.org:
drwxrwxr-x     6 ftp        ftp          4096 Dec 01  2011 dist
drwxr-xr-x    13 ftp        ftp          4096 Nov 16  2011 linux
drwxrwxr-x     3 ftp        ftp          4096 Sep 23  2008 media
drwxr-xr-x    17 ftp        ftp          4096 Jun 06  2012 scm
drwxrwxr-x     2 ftp        ftp          4096 Dec 01  2011 site
drwxr-xr-x    13 ftp        ftp          4096 Nov 27  2011 software
drwxr-xr-x     3 ftp        ftp          4096 Apr 30  2008 tools
```

이 예제에서는 ftp.kernel.org의 FTP 클라이언트 세션을 생성하기 위해 `ftplib`를 사용한다. `test_ftp_connection()` 함수는 FTP 경로, 사용자 이름, 이메일 주소를 받아 FTP 서버로 연결한다.

`ftplib`의 `FTP()` 함수를 위의 연결 정보로 호출해 FTP 클라이언트 세션을 생성한다. 이 함수는 클라이언트 핸들을 반환한다. 이 핸들을 이용해 현재 디렉토리 변경(`cwd()` 메소드 이용) 같은 일반적인 FTP 명령을 실행할 수 있다. `dir()` 메소드는 디렉토리 목록을 반환한다.

`ftp.quit()`를 호출해 FTP 세션을 명시적으로 끝내는 게 좋다.

컴퓨터에 있는 파일을 FTP 서버에 업로드하기

FTP 서버에 파일을 업로드해보자.

먼저 FTP 서버를 컴퓨터에 설치해보자. 다음 명령을 이용해 **wu-ftpd** 패키지를 설치할 수 있다.

```
$ sudo apt-get install wu-ftpd
```

윈도우를 설치한 컴퓨터에서는 파일질라_{FileZilla} FTP 서버를 설치한다. https://filezilla-project.org/download.php?type=server에서 이 서버를 다운로드할 수 있다.

설치한 FTP 서버의 매뉴얼에 따라 사용자 계정을 생성한다.

이제 FTP 서버로 파일을 업로드해보자. 명령행 인자에 서버 주소, 로그인 정보, 그리고 업로드할 파일 이름을 매개변수로 지정한다. 그 전에 먼저 readme.txt 파일을 생성한다(파일 안의 내용은 아무 내용이나 적어 넣자).

다음 예제 스크립트를 사용하기 전에 FTP 서버를 설정하자. 유닉스나 리눅스에서
는 wu-ftpd 패키지를 설치할 수 있다. 그러면 로그인할 계정의 기본 디렉토리에
파일을 업로드한다. 스크립트를 실행할 때 명령행에 서버 주소, 로그인 정보, 파일
이름을 지정한다.

리스트 5.2 FTP로 파일을 업로드하는 코드

```python
#!/usr/bin/env python
# Python Network Programming Cookbook -- Chapter - 5
# This program is optimized for Python 2.7.
# It may run on any other version with/without modifications.

import os
import argparse
import ftplib
import getpass

LOCAL_FTP_SERVER = 'localhost'
LOCAL_FILE = 'readme.txt'

def ftp_upload(ftp_server, username, password, file_name):
    print "Connecting to FTP server: %s" %ftp_server
    ftp = ftplib.FTP(ftp_server)
    print "Login to FTP server: user=%s" %username
    ftp.login(username, password)
    ext = os.path.splitext(file_name)[1]
    if ext in (".txt", ".htm", ".html"):
        ftp.storlines("STOR " + file_name, open(file_name))
    else:
        ftp.storbinary("STOR " + file_name, open(file_name, "rb"), 1024)
    print "Uploaded file: %s" %file_name

if __name__ == '__main__':
    parser = argparse.ArgumentParser(description='FTP Server Upload Example')
    parser.add_argument('--ftp-server', action="store", dest="ftp_server",
default=LOCAL_FTP_SERVER)
```

```
    parser.add_argument('--file-name', action="store", dest="file_name",
default=LOCAL_FILE)
    parser.add_argument('--username', action="store", dest="username",
default=getpass.getuser())
    given_args = parser.parse_args()
    ftp_server, file_name, username = given_args.ftp_server,
given_args.file_name, given_args.username
    password = getpass.getpass(prompt="Enter you FTP password: ")
    ftp_upload(ftp_server, username, password, file_name)
```

FTP 서버를 설정한 후 이 스크립트를 실행하면, 스크립트가 FTP 서버에 로그인한 후 파일을 업로드한다. 파일 이름을 명령행 인자로 전달하지 않으면 기본적으로 readme.txt 파일을 업로드한다.

```
$ python 5_2_upload_file_to_ftp_server.py -username=faruq
Enter your FTP password:
Connecting to FTP server: localhost
Login to FTP server: user=faruq
Uploaded file: readme.txt


$ cat /home/faruq/readme.txt
This file describes what to do with the .bz2 files you see elsewhere
on this site (ftp.kernel.org).
```

예제 분석

이 예제는 독자의 컴퓨터에 FTP 서버가 이미 실행 중이라고 가정한다. 원한다면 외부 FTP 서버를 이용할 수도 있다. ftp_upload() 메소드는 파이썬의 ftplib 라이브러리의 FTP() 함수를 사용해 FTP 연결 객체를 생성한다. 그런 후 login() 메소드로 서버에 로그인한다.

ftp 객체는 로그인에 성공한 후에 파일의 확장자에 따라 storlines()나 storbinary() 메소드를 이용해 STOR 명령을 전송한다. 첫 번째 메소드는 HTML 이나 텍스트 파일 같은 ASCII 텍스트 파일을 전송할 때 사용하고, 두 번째 메소드는 압축 파일 같은 이진 데이터 파일을 지정할 때 사용한다.

이 FTP 관련 메소드를 try-except 블록 안에서 처리하는 게 좋으며, 여기서는 간단하게 하기 위해 보여주지 않는다.

현재 작업 디렉토리를 ZIP 파일로 압축해 이메일로 전송하기

현재 작업 디렉토리의 컨텐츠를 ZIP 파일로 압축해 이메일로 전송하는 게 흥미로울 수 있다. 이 예제를 이용해 친구와 파일을 빠르게 공유할 수 있다.

컴퓨터에 메일 서버를 설치하지 않았다면 postfix 같은 메일 서버를 설치해야 한다. 데비안Debian이나 우분투Ubuntu 시스템에서는 다음과 같이 apt-get을 이용해 설치할 수 있다.

```
$ sudo apt-get install postfix
```

예제 구현

먼저 현재 디렉토리를 압축한 후 이메일 메시지를 생성해보자. 외부의 SMTP 서버나 독자의 컴퓨터에 있는 메일 서버를 통해 이메일을 전송할 수 있다. 다른 예제와 마찬가지로 명령행 인자를 통해 전송자와 수신자의 정보를 얻자.

리스트 5.3 현재 디렉토리를 ZIP 파일로 압축한 후 전송하는 예제

```python
#!/usr/bin/env python
# Python Network Programming Cookbook -- Chapter - 5
# This program is optimized for Python 2.7.
# It may run on any other version with/without modifications.

import os
import argparse
import smtplib
```

```python
import zipfile
import tempfile
from email import encoders
from email.mime.base import MIMEBase
from email.mime.multipart import MIMEMultipart

def email_dir_zipped(sender, recipient):
    zf = tempfile.TemporaryFile(prefix='mail', suffix='.zip')
    zip = zipfile.ZipFile(zf, 'w')
    print "Zipping current dir: %s" %os.getcwd()
    for file_name in os.listdir(os.getcwd()):
        zip.write(file_name)
    zip.close()
    zf.seek(0)

    # Create the message
    print "Creating email message..."
    email_msg = MIMEMultipart()
    email_msg['Subject'] = 'File from path %s' %os.getcwd()
    email_msg['To'] = ', '.join(recipient)
    email_msg['From'] = sender
    email_msg.preamble = 'Testing email from Python.\n'
    msg = MIMEBase('application', 'zip')
    msg.set_payload(zf.read())
    encoders.encode_base64(msg)
    msg.add_header('Content-Disposition', 'attachment',
                   filename=os.getcwd()[-1] + '.zip')
    email_msg.attach(msg)
    email_msg = email_msg.as_string()

    # send the message
    print "Sending email message..."
    try:
        smtp = smtplib.SMTP('localhost')
        smtp.set_debuglevel(1)
        smtp.sendmail(sender, recipient, email_msg)
    except Exception, e:
```

```
        print "Error: %s" %str(e)
    finally:
        smtp.close()

if __name__ == '__main__':
    parser = argparse.ArgumentParser(description='Email Example')
    parser.add_argument('--sender', action="store", dest="sender",
default='you@you.com')
    parser.add_argument('--recipient', action="store", dest="recipient")
    given_args = parser.parse_args()
    email_dir_zipped(given_args.sender, given_args.recipient)
```

이 스크립트를 실행하면 다음과 같은 출력을 볼 수 있다. 출력 메시지가 약간 장황한 이유는 내 이메일 서버가 디버그 메시지 출력을 활성화했기 때문이다.

```
$ python 5_3_email_current_dir_zipped.py --recipient=faruq@localhost
Zipping current dir: /home/faruq/Dropbox/PacktPub/pynet-cookbook/
pynetcookbook_code/chapter5
Creating email message...
Sending email message...
send: 'ehlo [127.0.0.1]\r\n'
reply: '250-debian6.debian2013.com\r\n'
reply: '250-PIPELINING\r\n'
reply: '250-SIZE 10240000\r\n'
reply: '250-VRFY\r\n'
reply: '250-ETRN\r\n'
reply: '250-STARTTLS\r\n'
reply: '250-ENHANCEDSTATUSCODES\r\n'
reply: '250-8BITMIME\r\n'
reply: '250 DSN\r\n'
reply: retcode (250); Msg: debian6.debian2013.com
PIPELINING

SIZE 10240000
VRFY
ETRN
STARTTLS
ENHANCEDSTATUSCODES
```

```
8BITMIME
DSN
send: 'mail FROM:<you@you.com> size=9141\r\n'
reply: '250 2.1.0 Ok\r\n'
reply: retcode (250); Msg: 2.1.0 Ok
send: 'rcpt TO:<faruq@localhost>\r\n'
reply: '250 2.1.5 Ok\r\n'
reply: retcode (250); Msg: 2.1.5 Ok
send: 'data\r\n'
reply: '354 End data with <CR><LF>.<CR><LF>\r\n'
reply: retcode (354); Msg: End data with <CR><LF>.<CR><LF>
data: (354, 'End data with <CR><LF>.<CR><LF>')
send: 'Content-Type: multipart/mixed;
boundary="================0388489101==...[TRUNCATED]
reply: '250 2.0.0 Ok: queued as 42D2F34A996\r\n'
reply: retcode (250); Msg: 2.0.0 Ok: queued as 42D2F34A996
data: (250, '2.0.0 Ok: queued as 42D2F34A996')
```

예제 분석

디렉토리를 ZIP 파일로 묶어 압축한 후 이메일로 전송하기 위해 `zipfile`, `smtplib`, `email` 모듈을 사용했다. `email_dir_zipped()` 메소드에서 이 모든 작업을 처리한다. 이 메소드는 2개의 인자인 발신자와 수신자의 이메일 주소를 갖는다.

ZIP 압축 파일을 생성하기 위해 먼저 `tempfile` 모듈의 `TemporaryFile` 클래스를 이용해 임시 파일을 생성한다. 생성할 파일 이름의 앞부분에 'mail'을, 확장자로 .zip을 지정한다. 그런 후 ZIP 압축 파일 객체를 `ZipFile` 클래스로 초기화한다. 이 때 임시 파일을 매개변수로 전달한다. 이제 현재 디렉토리에 있는 파일들을 ZIP 객체의 `write()` 메소드를 이용해 추가한다.

이제 이메일을 전송하기 위해 `email.mime.multipart` 모듈에 있는 `MIMEmultipart` 클래스를 이용해 `multipart` MIME 타입의 메시지 객체를 생성한다. 일반적인 이메일 메시지처럼 이메일의 제목subject, 수신자, 발신자 정보를 이메일 헤더에 추기힌다.

헤더를 추가한 후에는 `MIMEBase()` 메소드를 이용해 첨부 파일을 생성한다. 여기서 먼저 이 메소드를 이용해 application/ZIP 헤더를 지정한 후 반환받은 메시지 객체에서 `set_payload()`를 호출한다. 메시지를 올바르게 인코딩하기 위해 `encoders` 모듈에 있는 `encode_base64()` 메소드를 호출한다.

또한 `add_header()` 메소드를 이용해 첨부 파일에 대한 헤더를 생성하는 것이 도움이 된다. 이렇게 첨부 파일을 준비한 후에 `attach()` 메소드를 호출해 이메일 메시지 객체에 포함시킨다.

이메일을 전송하려면 smtplib 라이브러리의 SMTP 클래스의 객체를 생성해야 한다. 그런 후 `sendmail()` 메소드를 호출한다. 이 메소드는 OS가 제공하는 루틴을 이용해 이메일을 실제로 전송한다. 전송에 대한 자세한 내용을 이 스크립트에서 볼 수는 없지만 예제처럼 디버그 옵션을 활성화해서 어떤 내용들이 통신상에 오고 가는지 볼 수 있다.

참고 사항

smtplib에 대한 더 자세한 정보는 http://docs.python.org/2/library/smtplib.html에서 찾을 수 있다.

POP3로 구글 메일 내려받기

POP3 프로토콜을 통해 구글 메일(그 밖의 이메일 서비스도 가능)을 내려받을 수 있다.

준비

이 예제를 실행하려면 구글(혹은 테스트하려는 메일 서비스)에 이메일 계정이 있어야 한다.

이 예제에서는 사용자의 구글 메일 계정에 있는 첫 번째 이메일 메시지를 내려받는다. 사용자 아이디는 명령행 인자로 받지만 비밀번호는 보안을 유지하기 위해 명령행 인자를 사용하지 않고 스크립트 실행 중에 입력받으며 화면에 보여주지 않는다.

리스트 5.4 POP3를 통해 구글 이메일 내려받기

```python
#!/usr/bin/env python
# Python Network Programming Cookbook -- Chapter - 5
# This program is optimized for Python 2.7.
# It may run on any other version with/without modifications.

import argparse
import getpass
import poplib

GOOGLE_POP3_SERVER = 'pop.googlemail.com'

def download_email(username):
    mailbox = poplib.POP3_SSL(GOOGLE_POP3_SERVER, '995')
    mailbox.user(username)
    password = getpass.getpass(prompt="Enter your Google password: ")
    mailbox.pass_(password)
    num_messages = len(mailbox.list()[1])
    print "Total emails: %s" %num_messages
    print "Getting last message"
    for msg in mailbox.retr(num_messages)[1]:
        print msg
    mailbox.quit()

if __name__ == '__main__':
    parser = argparse.ArgumentParser(description='Email Download Example')
    parser.add_argument('--username', action="store", dest="username",
default=getpass.getuser())
    given_args = parser.parse_args()
    username = given_args.username
    download_email(username)
```

이 스크립트를 실행하면 다음과 비슷한 메시지를 볼 수 있다. 이 메시지는 개인정보를 보호하기 위해 뒷부분을 생략했다.

```
$ python 5_4_download_google_email_via_pop3.py --username=<USERNAME>
Enter your Google password:
Total emails: 333
Getting last message
...[TRUNCATED]
```

이 예제는 POP3를 통해 구글 이메일 계정에 있는 첫 번째 메시지를 내려받는다. download_email() 메소드는 poplib의 POP3_SSL 클래스를 이용해 mailbox 객체를 생성한다. 이 클래스의 생성자에 구글의 POP3 서버 주소와 포트 번호를 인자로 전달한다. 그런 후 mailbox 객체의 user() 메소드를 호출해 사용자 계정을 설정한다. 비밀번호는 getpass 모듈의 getpass() 메소드를 이용해 사용자로부터 입력받은 후 mailbox 객체에 전달한다. mailbox 객체의 list() 메소드는 파이썬의 리스트 타입으로 이메일 메시지를 반환한다.

이 스크립트는 먼저 mailbox에 있는 이메일 메시지 개수를 출력하고 retr() 메소드를 호출해 첫 번째 메시지를 가져온다. 마지막으로 quit() 메소드를 호출해 연결을 안전하게 종료한다.

IMAP으로 외부 서버에 있는 이메일 확인하기

POP3 대신에 IMAP 프로토콜을 이용해 구글 계정으로부터 이메일 메시지를 가져올 수 있다. 이 경우 메시지를 가져온 후에도 서버에 메시지가 남아 있다.

이 예제를 실행하려면 구글(혹은 테스트하려는 메일 서비스)에 이메일 계정이 있어야 한다.

구글 이메일 계정에 연결해 첫 번째 이메일 메시지를 읽어보자. 만약 계정을 생성하고 구글로부터 환영 메시지를 받은 후 삭제하지 않았다면 아마도 그 메일이 첫 번째 메일일 것이다.

리스트 5.5 IMAP으로 구글 이메일 계정 확인

```python
#!/usr/bin/env python
# Python Network Programming Cookbook -- Chapter - 5
# This program is optimized for Python 2.7.
# It may run on any other version with/without modifications.

import argparse
import getpass
import imaplib

GOOGLE_IMAP_SERVER = 'imap.googlemail.com'


def check_email(username):
    mailbox = imaplib.IMAP4_SSL(GOOGLE_IMAP_SERVER, '993')
    password = getpass.getpass(prompt="Enter your Google password: ")
    mailbox.login(username, password)
    mailbox.select('Inbox')
    typ, data = mailbox.search(None, 'ALL')
    for num in data[0].split():
        typ, data = mailbox.fetch(num, '(RFC822)')
        print 'Message %s\n%s\n' % (num, data[0][1])
        break
    mailbox.close()
    mailbox.logout()
```

```
if __name__ == '__main__':
    parser = argparse.ArgumentParser(description='Email Download Example')
    parser.add_argument('--username', action="store", dest="username",
default=getpass.getuser())
    given_args = parser.parse_args()
    username = given_args.username
    check_email(username)
```

이 스크립트를 실행하면 다음과 같은 결과를 보여준다. 데이터 중에 개인정보는
일부러 삭제했다.

```
$$ python 5_5_check_remote_email_via_imap.py --username=<USER_NAME>
Enter your Google password:
Message 1
Received: by 10.140.142.16; Sat, 17 Nov 2007 09:26:31 -0800 (PST)
Message-ID: <...>@mail.gmail.com>
Date: Sat, 17 Nov 2007 09:26:31 -0800
From: "Gmail Team" <mail-noreply@google.com>
To: "<User Full Name>" <USER_NAME>@gmail.com>
Subject: Gmail is different. Here's what you need to know.
MIME-Version: 1.0
Content-Type: multipart/alternative;
    boundary="----=_Part_7453_30339499.1195320391988"


------=_Part_7453_30339499.1195320391988
Content-Type: text/plain; charset=ISO-8859-1
Content-Transfer-Encoding: 7bit
Content-Disposition: inline

Messages that are easy to find, an inbox that organizes itself, great
spam-fighting tools and built-in chat. Sound cool? Welcome to Gmail.

To get started, you may want to:
[TRUNCATED]
```

위 예제 스크립트는 구글 사용자 아이디를 명령행 인자로 받은 후 check_email()
함수를 호출한다. 이 함수는 imaplib에 있는 IMAP4_SSL 클래스를 이용해 IMAP용
메일박스 객체 mailbox를 생성한다. 이때 구글의 IMAP 서버와 기본 포트를 생성
자의 인자로 전달한다.

그런 후에 check_email() 함수는 비밀번호를 이용해 메일박스에 로그인한다. 이
비밀번호는 getpass 모듈의 getpass() 메소드를 이용해 사용자로부터 입력을 받
는다. mailbox의 select() 메소드를 호출해 inbox 폴더를 선택한다.

mailbox 객체는 많은 유용한 메소드를 갖고 있다. 이 중 search()와 fetch() 메소
드를 이용해 첫 번째 이메일 메시지를 가져온다. 마지막으로 close()와 logout()
메소드를 호출해 IMAP 연결을 안전하게 종료한다.

지메일 SMTP 서버를 통해 첨부 파일이 있는 이메일 전송하기

구글 이메일 계정으로 다른 계정에 이메일을 전송해보자. 메시지와 함께 파일도
첨부해본다.

이 예제를 실행하려면 구글 이메일 계정이 있어야 한다.

이메일 메시지를 생성한 후 파이썬의 python-logo.gif 파일을 첨부할 수 있다. 그
러면 그 메시지를 구글 계정으로 다른 계정에 전송한다.

리스트 5.6 구글 계정으로 이메일을 전송하는 방법

```python
#!/usr/bin/env python
# Python Network Programming Cookbook -- Chapter - 5
# This program requires Python 2.7 or any later version

import argparse
import os
import getpass
import re
import sys
import smtplib

from email.mime.image import MIMEImage
from email.mime.multipart import MIMEMultipart
from email.mime.text import MIMEText

SMTP_SERVER = 'smtp.gmail.com'
SMTP_PORT = 587

def send_email(sender, recipient):
    """ Send email message """
    msg = MIMEMultipart()
    msg['Subject'] = 'Python Emaill Test'
    msg['To'] = recipient
    msg['From'] = sender
    subject = 'Python email Test'
    message = 'Images attached.'
    # attach image files
    files = os.listdir(os.getcwd())
    gifsearch = re.compile(".gif", re.IGNORECASE)
    files = filter(gifsearch.search, files)
    for filename in files:
        path = os.path.join(os.getcwd(), filename)
        if not os.path.isfile(path):
            continue
        img = MIMEImage(open(path, 'rb').read(), _subtype="gif")
        img.add_header('Content-Disposition', 'attachment', filename=filename)
```

```python
        msg.attach(img)

    part = MIMEText('text', "plain")
    part.set_payload(message)
    msg.attach(part)

    # create smtp session
    session = smtplib.SMTP(SMTP_SERVER, SMTP_PORT)
    session.ehlo()
    session.starttls()
    session.ehlo
    password = getpass.getpass(prompt="Enter your Google password: ")
    session.login(sender, password)
    session.sendmail(sender, recipient, msg.as_string())
    print "Email sent."
    session.quit()

if __name__ == '__main__':
    parser = argparse.ArgumentParser(description='Email Sending Example')
    parser.add_argument('--sender', action="store", dest="sender")
    parser.add_argument('--recipient', action="store", dest="recipient")
    given_args = parser.parse_args()
    send_email(given_args.sender, given_args.recipient)
```

아래는 예제 스크립트를 실행해 구글 계정으로부터 이메일을 다른 주소로 전송하는 데 성공한 결과를 보여준다. 이 예제를 실행한 후 수신자의 이메일을 확인해 실제로 메일이 전송됐는지 확인해보자.

```
$ python 5_6_send_email_from_gmail.py --sender=<USERNAME>@gmail.com -
recipient=<USER>@<ANOTHER_COMPANY.com>
Enter you Google password:
Email sent.
```

이 예제에서는 send_email() 함수에서 이메일 메시지를 생성한다. 이 함수는 구글 계정 주소와 함께 수신할 이메일 주소를 인자로 취한다. 메시지 헤더를 나타내는 MIMEMultipart 클래스 객체 msg를 생성한 후 제목, 수신자, 발신자 정보를 이 객체에 추가한다.

파이썬의 정규 표현식 처리 모듈을 이용해 현재 경로의 .gif 이미지만을 필터링한다. email.mime.image 모듈에 있는 MIMEImage() 메소드를 이용해 이미지 객체 img를 생성한다. 이 객체에 올바른 이미지 헤더를 추가한 후, 미리 생성한 msg 객체에 이 이미지 객체를 추가한다. 이 예제의 for 반복문에서 여러 이미지 파일을 추가할 수 있다. 비슷한 방식으로 일반 텍스트 파일도 첨부할 수 있다.

이메일 메시지를 전송하기 위해 SMTP 세션을 생성한다. 세션 객체상에서 ehlo()나 starttls() 같은 몇몇 상태 확인 함수를 호출한 후, 사용자 아이디와 비밀번호를 이용해 구글 SMTP 서버에 로그인한다. 이메일을 전송하기 위해 sendmail() 메소드를 호출한다.

CGI로 파이썬 기반의 웹 서버에 방명록 작성하기

CGICommon Gateway Interface는 웹 프로그래밍 표준으로서 CGI 스크립트를 이용하면 웹 서버가 동적인 결과물을 생성한 후 클라이언트에게 전달할 수 있다. 사용자 브라우저로부터 HTML 폼 입력을 얻은 후 이를 다른 페이지로 재지향해 사용자의 요청을 처리할 수 있다.

먼저 CGI 스크립트를 지원하는 웹 서버를 실행해야 한다. 파이썬 CGI 스크립트를 cgi-bin/ 하위 디렉토리에 넣어둔 후, 피드백 폼을 가진 HTML 페이지를 방문한다. 이 폼을 제출하면 웹 서버는 CGI 스크립트에게 폼 데이터를 전송하며, 이 스크립트가 만든 결과를 볼 수 있다.

리스트 5.7 CGI를 지원하는 파이썬 웹 서버

```python
#!/usr/bin/env python
# Python Network Programming Cookbook -- Chapter - 5
# This program requires Python 2.7 or any later version

import os
import cgi
import argparse
import BaseHTTPServer
import CGIHTTPServer
import cgitb
cgitb.enable()  ## enable CGI error reporting

def web_server(port):
    server = BaseHTTPServer.HTTPServer
    handler = CGIHTTPServer.CGIHTTPRequestHandler #RequestsHandler
    server_address = ("", port)
    handler.cgi_directories = ["/cgi-bin", ]
    httpd = server(server_address, handler)
    print "Starting web server with CGI support on port: %s ..." %port
    httpd.serve_forever()

if __name__ == '__main__':
    parser = argparse.ArgumentParser(description='CGI Server Example')
    parser.add_argument('--port', action="store", dest="port", type=int,
required=True)
    given_args = parser.parse_args()
    web_server(given_args.port)
```

다음 화면은 CGI를 지원하는 웹 서버가 컨텐츠를 어떻게 제공하는지를 보여준다.

이 예제를 실행하면 다음과 같은 결과를 볼 수 있다.

```
$ python 5_7_cgi_server.py --port=8800
Starting web server with CGI support on port: 8800 ...
localhost - - [19/May/2013 18:40:22] "GET / HTTP/1.1" 200 -
```

이제 웹 브라우저에서 http://localhost:8800/5_7_send_feedback.html을 방문
해보자.

이 페이지에는 입력 폼을 볼 수 있는데, 다음과 같이 입력을 이 폼에 제공한다고
가정한다.

```
Name: User1
Comment: Comment1
```

다음 그림은 웹 폼에서 사용자가 코멘트를 입력하는 상황을 보여준다.

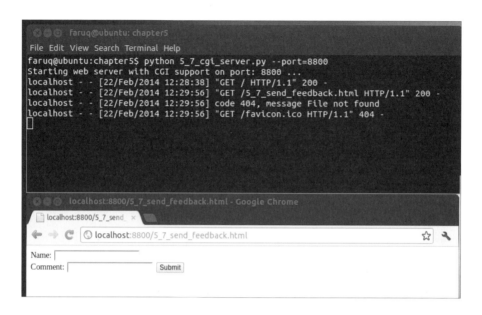

입력을 제출하고 나면 브라우저가 http://localhost:8800/cgi-bin/5_7_get_
feedback.py로 재지향되며, 다음과 같은 결과를 볼 수 있다.

```
User1 sends a comment: Comment1
```

사용자 코멘트는 다음 그림에 나타난다.

CGI 요청을 처리할 수 있도록 설정한 HTTP 서버를 사용한다. 이를 위해 파이썬은 `BaseHTTPServer`와 `CGIHTTPServer` 모듈을 제공한다.

http 요청을 처리하는 핸들러(`CGIHTTPServer.CGIHTTPRequestHandler`)가 CGI 스크립트를 실행할 때 /cgi-bin 디렉토리를 이용하도록 설정하며, 다른 경로는 CGI 스크립트 실행에 사용할 수 없다.

5_7_send_feedback.html에는 다음과 같이 매우 기본적인 HTML 폼이 들어 있다.

```html
<html>
  <body>
    <form action="/cgi-bin/5_7_get_feedback.py" method="post">
      Name: <input type="text" name="Name">  <br />
      Comment: <input type="text" name="Comment" />
      <input type="submit" value="Submit" />
    </form>
  </body>
</html>
```

이 폼의 방식은 POST이며 이 폼의 요청을 처리하는 스크립트를 /cgi-bin/5_7_get_feedback.py로 지정했음을 주목하라. 이 파일의 내용은 다음과 같다.

```python
#!/usr/bin/env python
# Python Network Programming Cookbook -- Chapter - 5
# This program requires Python 2.7 or any later version

import cgi
import cgitb

# Create instance of FieldStorage
form = cgi.FieldStorage()

# Get data from fields
name = form.getvalue('Name')
comment = form.getvalue('Comment')
print "Content-type:text/html\r\n\r\n"
```

```
print "<html>"
print "<head>"
print "<title>CGI Program Example </title>"
print "</head>"
print "<body>"
print "<h2> %s sends a comment: %s</h2>" % (name, comment)
print "</body>"
print "</html>"
```

이 CGI 스크립트에서는 cgilib에 있는 FieldStorage() 메소드를 호출한다. 이 메소드는 HTML 폼 입력을 처리하는 폼 객체를 반환한다. getvalue() 메소드로 파싱해서 name과 comment인 2개의 입력을 얻는다. 마지막으로 사용자 입력을 처리했음을 알리는 한 줄짜리 메시지를 사용자에게 전송한다.

6

스크린 스크래핑과
기타 유용한 애플리케이션

6장에서 다루는 내용은 다음과 같다.

- 구글 맵 API를 이용한 회사 주소 검색

- 구글 맵의 URL을 이용한 지도 좌표 검색

- 위키피디아 글 검색

- 구글로 주식 시세 검색

- 깃허브GitHub 소스 코드 저장소 검색

- BBC 뉴스 읽어오기

- 웹 페이지에 있는 모든 링크 수집하기

소개

6장에서는 웹에서 여러 가지 유용한 정보를 추출하는 파이썬 스크립트들을 소개한다. 예로 이 스크립트들을 이용해 회사 주소, 특정 회사의 주식 시세, 신문사 웹 사이트의 최신 뉴스 등을 검색할 수 있다. 이 스크립트들은 복잡한 API를 사용할 필요 없이 더 단순한 방식으로 정보를 간단하게 추출할 수 있다.

이 예제들을 따라 한 후에는 예를 들어 위치를 포함한 회사, 뉴스, 주식 시세 등에 관해 자세한 것을 찾는 복잡한 시나리오를 위한 코드를 작성할 수 있다.

구글 맵 API를 이용한 회사 주소 검색

살고 있는 지역에서 유명한 회사의 주소를 검색해보자.

준비

파이썬의 지오코딩geocoding 라이브러리인 pygeocoder 라이브러리를 이용해 지역 회사를 검색할 수 있다. pip나 easy_install을 이용해 PyPI로부터 이 라이브러리를 설치할 수 있다.

```
$ pip install pygeocoder
```

혹은

```
$ easy_install pygeocoder
```

예제 구현

파이썬 코드 몇 줄로 영국의 유명한 소매회사인 아고스Argos Ltd. 사의 주소를 찾아보자.

리스트 6.1 특정 회사의 주소를 찾기 위해 지오코딩을 이용하는 예

```python
#!/usr/bin/env python
# Python Network Programming Cookbook -- Chapter - 6
# This program is optimized for Python 2.7.
# It may run on any other version with/without modifications.


from pygeocoder import Geocoder

def search_business(business_name):

    results = Geocoder.geocode(business_name)

    for result in results:
        print result

if __name__ == '__main__':
    business_name =  "Argos Ltd, London"
    print "Searching %s" %business_name
    search_business(business_name)
```

이 예제를 실행하면 다음과 같이 아고스 사의 주소를 출력한다. 설치한 지오코딩 라이브러리에 따라 결과가 조금씩 다를 수 있다.

```
$ python 6_1_search_business_addr.py
Searching Argos Ltd, London

Argos Ltd, 110-114 King Street, London, Greater London W6 0QP, UK
```

예제 분석

이 예제는 지오코딩 라이브러리가 필요하다.

이 예제는 search_business()라는 간단한 함수를 정의하는데, 이 함수는 입력으로 회사 이름을 취하며 이를 geocode() 함수에 전달한다. geocode() 함수는 입력한 검색 단어에 따라 하나 이상의 검색 결과를 반환한다(텅 빈 결과를 반환할 수도 있다).

이 예제에서는 geocode() 함수에 회사 이름인 'Argos Ltd, London'을 인자로 전달했다. 그 결과로 이 함수는 'Argos Ltd.'의 주소, '110-114 King Street, London, Greater London W6 0QP, UK'를 반환한다.

pygeocoder 라이브러리에는 지오코딩 시 사용할 수 있는 강력하고도 흥미로운 기능들이 있다. 공식 개발자 웹사이트(https://bitbucket.org/xster/pygeocoder/wiki/Home)에서 더 자세한 정보를 찾을 수 있다.

구글 맵의 URL을 이용한 지도 좌표 검색

가끔은 도시 이름만으로 해당 도시의 지도 좌표를 얻을 수 있는 함수를 만들어보고 싶을 수 있다. 이 작업은 간단하기 때문에 별도의 라이브러리를 설치할 필요가 없다.

이 간단한 스크린 스크래핑screen-scraping 예제에서는 지정한 도시의 위도latitude와 경도longitude를 얻기 위해 구글 맵의 URL을 이용한다. 이 URL은 구글 지도 페이지에서 그 정보를 찾을 수 있다. 구글 맵으로부터 정보를 가져오기 위해 다음과 같은 작업을 수행한다.

먼저 argparse 모듈을 이용해 명령행 인자로부터 도시 이름을 얻자.

urllib의 urlopen() 함수를 이용해 지도 검색 URL을 열 수 있다. URL이 올바르다면 XML로 된 결과물을 반환한다.

이제 이 XML 결과물을 처리해 도시의 지도 좌표를 얻는다.

리스트 6.2 구글 맵을 이용해 지정한 도시의 지도 좌표를 얻는 방법

```python
#!/usr/bin/env python
# Python Network Programming Cookbook -- Chapter - 6
# This program is optimized for Python 2.7.
# It may run on any other version with/without modifications.

import argparse
import os
import urllib

ERROR_STRING = '<error>'

def find_lat_long(city):
    """ Find geographic coordinates """
    # Encode query string into Google maps URL
    url = 'http://maps.google.com/?q=' + urllib.quote(city) + '&output=js'
    print 'Query: %s' % (url)

    # Get XML location from Google maps
    xml = urllib.urlopen(url).read()

    if ERROR_STRING in xml:
        print '\nGoogle cannot interpret the city.'
        return
    else:
        # Strip lat/long coordinates from XML
        lat,lng = 0.0,0.0
        center = xml[xml.find('{center')+10:xml.find('}',xml.find('{center'))]
        center = center.replace('lat:','').replace('lng:','')
        lat,lng = center.split(',')
        print "Latitude/Longitude: %s/%s\n" %(lat, lng)

if __name__ == '__main__':
    parser = argparse.ArgumentParser(description='City Geocode Search')
    parser.add_argument('--city', action="store", dest="city", required=True)
    given_args = parser.parse_args()

    print "Finding geographic coordinates of %s" %given_args.city
    find_lat_long(given_args.city)
```

이 예제를 실행하면 다음과 비슷한 결과가 출력된다.

```
$ python 6_2_geo_coding_by_google_maps.py --city=London
Finding geograhic coordinates of London
Query: http://maps.google.com/?q=London&output=js
Latitude/Longitude: 51.511214000000002/-0.119824
```

이 예제 스크립트는 특정 도시의 이름을 명령행 인자로 취해 이를 find_lat_long() 함수에 전달한다. 이 함수는 urllib의 urlopen() 함수를 이용해 구글 지도 서비스에 질의하여 XML로 된 결과를 얻는다. 만약 해당 도시를 찾지 못하면 '<error>'라는 문자열을 반환한다. 이 문자열이 없다면 몇몇 좋은 결과가 있음을 의미한다.

반환된 XML 원문을 그대로 출력한다면 브라우저에 긴 문자열만이 출력된다. 브라우저의 지도 위에 레이어layer를 하나 만들어서 거기에 정보를 출력하는 방식이 더 좋기는 하지만, 이 예제의 경우에는 위도와 경도만 필요할 뿐이다.

XML 원문으로부터 위도와 경도 정보를 얻기 위해 find() 함수를 사용한다. 이때 'center'를 키워드로 사용한다. 이 함수의 반환 결과에는 지도 좌표 정보가 들어 있다. 하지만 아직 불필요한 문자들이 들어 있으므로 이를 replace() 함수로 제거한다.

이 스크립트를 이용해 세계 도시의 위도, 경도 좌표를 찾을 수 있다.

위키피디아 글 검색

위키피디아wikipedia는 인물, 장소, 기술, 기타 모든 정보를 얻을 수 있는 엄청난 웹사이트다. 파이썬 스크립트를 이용해 위키피디아에서 원하는 정보를 검색하고 싶다면 이 예제는 안성맞춤이다.

다음은 위키피디아 예시다.

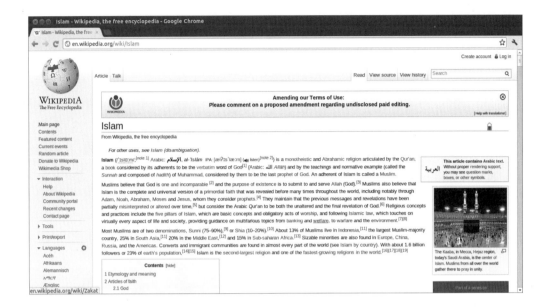

en.wikipedia.org/wiki/Zakat

준비

pip나 easy_install을 이용해 pyyaml 라이브러리를 PyPI로부터 설치해야 한다.

```
$ pip install pyyaml
```

혹은

```
$ easy_install pyyaml
```

예제 구현

위키피디아에서 'Islam'이라는 키워드를 검색한 후, 화면에 각 검색 결과를 출력
해보자.

위키피디아에서 글을 검색하는 코드

```python
#!/usr/bin/env python
# -*- coding: utf-8 -*-
# Python Network Programming Cookbook -- Chapter - 6
# This program is optimized for Python 2.7.
# It may run on any other version with/without modifications.

import argparse
import re
import yaml
import urllib
import urllib2

SEARCH_URL = 'http://%s.wikipedia.org/w/api.php?action=query&list=search&
srsearch=%s&sroffset=%d&srlimit=%d&format=yaml'

class Wikipedia:

    def __init__(self, lang='en'):
        self.lang = lang

    def _get_content(self, url):
        request = urllib2.Request(url)
        request.add_header('User-Agent', 'Mozilla/20.0')

        try:
            result = urllib2.urlopen(request)
        except urllib2.HTTPError, e:
            print "HTTP Error:%s" %(e.reason)
        except Exception, e:
            print "Error occured: %s" %str(e)
        return result

    def search_content(self, query, page=1, limit=10):
        offset = (page - 1) * limit
        url = SEARCH_URL % (self.lang, urllib.quote_plus(query), offset, limit)
        content = self._get_content(url).read()

        parsed = yaml.load(content)
        search = parsed['query']['search']
```

```python
    if not search:
        return

    results = []
    for article in search:
        snippet = article['snippet']
        snippet = re.sub(r'(?m)<.*?>', '', snippet)
        snippet = re.sub(r'\s+', ' ', snippet)
        snippet = snippet.replace(' . ', '. ')
        snippet = snippet.replace(' , ', ', ')
        snippet = snippet.strip()

        results.append({
            'title' : article['title'].strip(),
            'snippet' : snippet
        })

    return results

if __name__ == '__main__':
    parser = argparse.ArgumentParser(description='Wikipedia search')
    parser.add_argument('--query', action="store", dest="query",
required=True)
    given_args = parser.parse_args()

    wikipedia = Wikipedia()
    search_term = given_args.query
    print "Searching Wikipedia for %s" %search_term
    results = wikipedia.search_content(search_term)
    print "Listing %s search results..." %len(results)
    for result in results:
        print "==%s== \n \t%s" %(result['title'], result['snippet'])
    print "---- End of search results ----"
```

이 예제를 실행해 위키피디아에서 'Islam'에 대해 질의하면 다음과 같이 결과를
보여준다.

```
$ python 6_3_search_article_in_wikipedia.py --query='Islam'
Searching Wikipedia for Islam
Listing 10 search results...
```

==Islam==

Islam. (ˈ | ɪ | s | l | ɑː | m الاسلام, ar | ALA | al-ˈIslām
æl?ɪsˈlæːm | IPA | ar-al_islam. ...

==Sunni Islam==

Sunni Islam (ˈ | s | uː | n | i or ˈ | s | ʊ | n | i |) is the
largest branch of Islam ; its adherents are referred to in Arabic as ...
==Muslim==

A Muslim, also spelled Moslem is an adherent of Islam, a
monotheistic Abrahamic religion based on the Qur'an -which Muslims
consider the ...
==Sharia==

is the moral code and religious law of Islam. Sharia deals with
many topics addressed by secular law, including crime, politics, and ...
==History of Islam==

The history of Islam concerns the Islamic religion and its
adherents, known as Muslim s. " "Muslim" is an Arabic word meaning
"one who ...

==Caliphate==

a successor to Islamic prophet Muhammad) and all the Prophets
of Islam. The term caliphate is often applied to successions of
Muslim ...
==Islamic fundamentalism==

Islamic ideology and is a group of religious ideologies seen as
advocating a return to the "fundamentals" of Islam : the Quran and
the Sunnah. ...
==Islamic architecture==

Islamic architecture encompasses a wide range of both secular
and religious styles from the foundation of Islam to the present day. ...
---- End of search results ----

예제 분석

먼저 글 검색을 위해 사용할 위키피디아 질의 URL을 정의한다. 그런 후 _get_
content()와 search_content()라는 2개의 메소드를 갖는 Wikipedia 클래스를
생성한다. 이 클래스는 초기화 시에 자동으로 lang 속성을 en(영어)으로 설정한다.

명령행 인자를 search_content() 메소드로 전달하면 이 메소드에서는 언어, 질의 문자열, 페이지 오프셋offset, 반환받은 결과의 개수 등을 넣은 실제 검색 URL을 생성한다. search_content()는 대부분의 인자에 기본 값이 지정돼 있으며 오프셋 값을 (page -1) * limit로 계산한다.

_get_content() 메소드를 이용해 검색 결과를 가져온다. 이 메소드는 urllib의 urlopen() 함수를 호출한다. 검색 URL에서 결과 포맷을 평문 텍스트 파일 용도인 yaml로 설정한다. 가져온 검색 결과를 pyyaml 라이브러리에 있는 yaml을 이용해 파싱한다.

이 파싱한 검색 결과에서 다시 정규 표현식을 이용해 불필요한 항목을 제거한다. 예를 들어 re.sub(r'(?m)<.*?>', '', snippet)이라는 표현식은 snippet 문자열에서 (?m)<.*?>이라는 패턴을 찾아 없앤다. 정규 표현식에 대해 더 자세히 배우고 싶다면 파이썬 문서 페이지인 http://docs.python.org/2/howto/regex.html을 이용하자.

위키피디아의 각 글은 스니핏snippet 혹은 단편을 하나 이상을 갖는다. 이 스크립트에서는 딕셔너리 객체를 생성해 이 객체의 각 항목에 제목과 그 제목에 대응하는 스니핏을 설정한다. 이 딕셔너리 객체의 각 항목을 순회하면서 검색 결과를 화면에 출력한다.

구글로 주식 시세 검색

어떤 회사의 주식 시세에 관심이 있다면 이 예제를 이용해 해당 회사의 오늘 시세를 검색할 수 있다.

준비

여기서는 상장 거래소에서 사용하는 관심 있는 상장 회사의 종목명을 알고 있다고 가정한다. 만약 모른다면 회사의 웹사이트나 구글 검색을 통해 알아내면 된다.

특정 회사의 주식 시세를 검색하기 위해 구글 파이낸스(http://finance.google.com)를 이용한다. 다음 코드에서 보듯이 명령행을 통해 종목명을 인자로 입력할 수 있다.

리스트 6.4 구글에서 주식 시세를 검색하는 방법

```python
#!/usr/bin/env python
# Python Network Programming Cookbook -- Chapter - 6
# This program is optimized for Python 2.7.
# It may run on any other version with/without modifications.

import argparse
import urllib
import re
from datetime import datetime

SEARCH_URL = 'http://finance.google.com/finance?q='

def get_quote(symbol):
    content = urllib.urlopen(SEARCH_URL + symbol).read()
    m = re.search('id="ref_694653_l".*?>(.*?)<', content)
    if m:
        quote = m.group(1)
    else:
        quote = 'No quote available for: ' + symbol
    return quote

if __name__ == '__main__':
    parser = argparse.ArgumentParser(description='Stock quote search')
    parser.add_argument('--symbol', action="store", dest="symbol",
required=True)
    given_args = parser.parse_args()
    print "Searching stock quote for symbol '%s'" %given_args.symbol
    print "Stock  quote for %s at %s: %s" %(given_args.symbol,
datetime.today(), get_quote(given_args.symbol))
```

이 예제를 실행하면 다음과 비슷한 결과를 볼 수 있다. 여기서 구글의 종목명 (google)을 명령행 인자로 전달한다.

```
$ python 6_4_google_stock_quote.py --symbol=google
Searching stock quote for symbol 'google'
Stock quote for goog at 2013-08-20 18:50:29.483380: 868.86
```

이 예제는 urllib의 urlopen() 함수를 이용해 구글 파이낸스 웹사이트로부터 주식 데이터를 얻는다.

re 라이브러리와 정규 표현식을 이용해 첫 번째 항목 그룹에서 주식 데이터의 위치를 찾는다. re 라이브러리에 있는 search() 함수는 구글 파이낸스가 반환한 결과 중에서 특정 회사의 ID를 찾아 그에 대응하는 컨텐츠를 검색할 수 있다.

이 예제를 이용해 2013년 8월 20일의 구글 주식 시세(868.86)를 검색했다.

깃허브 소스 코드 저장소 검색

파이썬 프로그래머라면 다음 그림에서 보여주는 소스 코드 공개 웹사이트인 깃허브GitHub(http://www.github.com)에 이미 친숙할 것이다. 깃허브를 이용하면 코드를 팀 구성원끼리만 공유하거나 또는 전 세계를 대상으로 공유할 수 있다. 이 웹사이트는 소스 코드 저장소를 검색할 수 있는 멋진 API를 제공한다. 이 예제는 자신만의 소스 코드 검색 엔진을 구축할 수 있는 시작점을 제시할 수도 있다.

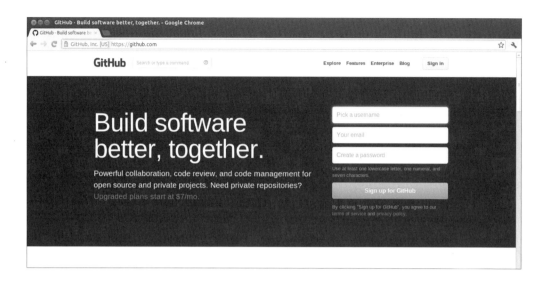

이 예제를 실행하려면 다음과 같은 명령으로 requests 라이브러리를 설치해야 한다.

```
$ pip install requests
```

혹은

```
$ easy_install requests
```

소스 코드의 저자(코더coder라고도 한다), 저장소, 검색 키를 인자로 갖는 search_repository() 함수를 정의한다. 이 함수는 활용할 수 있는 검색 키에 대응하는 결과를 반환한다. 깃허브 API에서 다음과 같은 검색 키를 사용할 수 있다.

issues_url, has_wiki, forks_url, mirror_url, subscription_url, notifications_url, collaborators_url, updated_at, private, pulls_url, issue_comment_url, labels_url, full_name, owner, statuses_url, id, keys_url, description, tags_url, network_count, downloads_url, assignees_url, contents_url, git_refs_url, open_issues_count, clone_url, watchers_count, git_tags_url, milestones_url, languages_url, size, homepage, fork, commits_url, issue_events_url, archive_url, comments_url, events_url, contributors_url, html_url, forks, compare_url, open_issues, git_url, svn_url, merges_url, has_issues, ssh_url, blobs_url, master_branch, git_commits_url, hooks_url, has_downloads, watchers, name, language, url, created_at, pushed_at, forks_count, default_branch, teams_url, trees_url, organization, branches_url, subscribers_url, stargazers_url

리스트 6.5 깃허브에서 소스 코드 저장소에 대한 자세한 정보를 검색하는 코드

```python
#!/usr/bin/env python
# Python Network Programming Cookbook -- Chapter - 6
# This program is optimized for Python 2.7.
# It may run on any other version with/without modifications.

SEARCH_URL_BASE = 'https://api.github.com/repos'

import argparse
import requests
import json

def search_repository(author, repo, search_for='homepage'):
    url = "%s/%s/%s" %(SEARCH_URL_BASE, author, repo)
    print "Searching Repo URL: %s" %url
    result = requests.get(url)
    if(result.ok):
        repo_info = json.loads(result.text or result.content)
        print "Github repository info for: %s" %repo
        result = "No result found!"
        keys = []
        for key,value in repo_info.iteritems():
            if  search_for in key:
                result = value
        return result


if __name__ == '__main__':
    parser = argparse.ArgumentParser(description='Github search')
    parser.add_argument('--author', action="store", dest="author",
required=True)
```

```
    parser.add_argument('--repo', action="store",
dest="repo", required=True)
    parser.add_argument('--search_for', action="store",
dest="search_for", required=True)

    given_args = parser.parse_args()
    result = search_repository(given_args.author, given_args.repo,
given_args.search_for)
    if isinstance(result, dict):
        print "Got result for '%s'..." %(given_args.search_for)
        for key,value in result.iteritems():
            print "%s => %s" %(key,value)
    else:
        print "Got result for %s: %s" %(given_args.search_for, result)
```

파이썬 웹 프레임워크인 장고_{Django}의 소유자를 검색하는 이 예제를 실행하면 다음과 같은 결과를 볼 수 있다.

```
$ python 6_5_search_code_github.py --author=django --repo=django
--search_for=owner
Searching Repo URL: https://api.github.com/repos/django/django
Github repository info for: django
Got result for 'owner'...
following_url => https://api.github.com/users/django/following{/other_
user}
events_url => https://api.github.com/users/django/events{/privacy}
organizations_url => https://api.github.com/users/django/orgs
url => https://api.github.com/users/django
gists_url => https://api.github.com/users/django/gists{/gist_id}
html_url => https://github.com/django
subscriptions_url => https://api.github.com/users/django/subscriptions
avatar_url => https://1.gravatar.com/avatar/fd542381031aa84dca86628ece84f
c07?d=https%3A%2F%2Fidenticons.github.com%2Fe94df919e51ae96652259468415d
4f77.png
repos_url => https://api.github.com/users/django/repos
received_events_url => https://api.github.com/users/django/received_
events
gravatar_id => fd542381031aa84dca86628ece84fc07
starred_url => https://api.github.com/users/django/starred{/owner}{/repo}
```

```
login => django
type => Organization
id => 27804
followers_url => https://api.github.com/users/django/followers
```

이 예제는 3개의 명령행 인자인 저장소 저자(--author), 저장소 이름(--repo), 검색 항목(--search_for)을 갖는다. argparse 모듈로 이 인자를 처리한다.

search_repository() 함수에서는 이 명령행 인자들을 검색 URL에 붙인 후 requests 모듈의 get() 함수를 호출해 검색 결과를 얻는다.

반환된 검색 결과는 기본적으로 JSON 포맷이다. json 모듈의 loads() 메소드를 이용해 이 컨텐츠를 처리한다. 그런 후 그 결과에서 검색 키에 대응하는 값을 찾아서 search_repository() 함수 호출자에게 반환한다.

__main__ 함수에서는 검색 결과가 파이썬의 딕셔너리 객체인지 확인한다. 딕셔너리 객체인 경우 이 객체의 각 항목을 순회하면서 키와 값을 출력한다. 딕셔너리 객체가 아니면 값만 출력한다.

BBC 뉴스 읽어오기

뉴스와 이야기를 다루는 소셜 네트워크 웹사이트를 개발 중이라면 아마도 BBC나 로이터Reuters 같은 다양한 뉴스 에이전시로부터 가져온 뉴스를 제공하고 싶을 수도 있다. 파이썬을 이용해 BBC로부터 뉴스를 읽어오자.

이 예제는 feedparser라는 라이브러리를 필요로 한다. 다음과 같이 이 라이브러리를 설치할 수 있다.

```
$ pip install feedparser
```

혹은

```
$ easy_install feedparser
```

예제 구현

먼저 BBC 웹사이트로부터 BBC 뉴스에 대한 URL을 수집한다. 이 URL은 세계 world, 영국UK, 건강, 비지니스, 테크놀로지 같이 다양한 타입의 뉴스를 검색하는 템플릿으로 사용될 수 있다. 스크립트의 명령행 인자로 이 뉴스 타입을 지정할 수 있다. 실제로 BBC로부터 뉴스를 읽는 작업은 read_news() 함수가 담당한다.

리스트 6.6 BBC로부터 뉴스를 읽는 스크립트

```python
#!/usr/bin/env python
# Python Network Programming Cookbook -- Chapter - 6
# This program is optimized for Python 2.7.
# It may run on any other version with/without modifications.

from datetime import datetime
import feedparser
BBC_FEED_URL = 'http://feeds.bbci.co.uk/news/%s/rss.xml'

def read_news(feed_url):
    try:
        data = feedparser.parse(feed_url)
    except Exception, e:
        print "Got error: %s" %str(e)

    for entry in data.entries:
        print(entry.title)
        print(entry.link)
        print(entry.description)
        print("\n")

if __name__ == '__main__':
```

```
    print "==== Reading technology news feed from bbc.co.uk (%s)===="
%datetime.today()
    print "Enter the type of news feed: "
    print "Available options are: world, uk, health, sci-tech, business,
technology"
    type = raw_input("News feed type:")
    read_news(BBC_FEED_URL %type)
    print "==== End of BBC news feed ====="
```

이 예제를 실행하면 활용할 수 있는 뉴스 카테고리를 보여준다. 테크놀로지를 카테고리로 선택하면 다음과 같은 결과를 얻는다.

```
$ python 6_6_read_bbc_news_feed.py
==== Reading technology news feed from bbc.co.uk (2013-08-20
19:02:33.940014)====

Enter the type of news feed:
Available options are: world, uk, health, sci-tech, business, technology
News feed type:technology

Xbox One courts indie developers
http://www.bbc.co.uk/news/technology-23765453#sa-ns_mchannel=rss&ns_
source=PublicRSS20-sa
Microsoft is to give away free Xbox One development kits to encourage
independent developers to self-publish games for its forthcoming console.

Fast in-flight wi-fi by early 2014
http://www.bbc.co.uk/news/technology-23768536#sa-ns_mchannel=rss&ns_
source=PublicRSS20-sa
Passengers on planes, trains and ships may soon be able to take advantage
of high-speed wi-fi connections, says Ofcom.

Anonymous 'hacks council website'
http://www.bbc.co.uk/news/uk-england-surrey-23772635#sa-ns_
mchannel=rss&ns_source=PublicRSS20-sa
A Surrey council blames hackers Anonymous after references to a Guardian
journalist's partner detained at Heathrow Airport appear on its website.
```

```
Amazon.com website goes offline
http://www.bbc.co.uk/news/technology-23762526#sa-ns_mchannel=rss&ns_
source=PublicRSS20-sa
Amazon's US website goes offline for about half an hour, the latest high-profile
internet firm to face such a problem in recent days.
[TRUNCATED]
```

예제 분석

이 예제의 read_news() 함수는 feedparser라는 외부 모듈에 의존한다. feedparser 모듈의 parse() 메소드는 뉴스 피드 데이터를 반환한다.

parse() 메소드는 주어진 뉴스 피드 URL에서 얻은 데이터를 파싱한다. 이 URL은 BBC_FEED_URL과 사용자 입력을 조합해 생성된다.

parse() 메소드를 호출해 몇몇 유효한 뉴스 데이터를 얻은 후에는 각 피드 항목의 제목title, 링크link, 요약description 같은 뉴스 데이터의 컨텐츠를 출력한다.

웹 페이지에 있는 모든 링크 수집하기

가끔은 어떤 웹 페이지에서 특정 단어를 찾고 싶을 때가 있다. 대부분 웹 브라우저에는 페이지 내 검색 기능이 있어서 이를 이용해 해당 단어를 찾을 수 있다. 어떤 브라우저는 단어를 강조할 수 있다. 하지만 복잡한 상황인 경우에서는 한 웹 페이지에 있는 모든 링크를 따라 가면서 특정 단어가 존재하는지 찾고 싶을 수도 있다. 이 예제는 이런 작업을 자동으로 수행한다.

예제 구현

검색 URL, 재귀적인 검색recursive search의 깊이depth, 검색어를 매개변수로 갖는 search_links() 함수를 작성해보자. 시작 웹 페이지에 많은 링크가 존재하고 또 그 링크 페이지에도 수집할 더 많은 링크가 존재할 수 있으므로 재귀적인 검색을 제한하기 위해 깊이를 정의한다. 이 깊이에 도달하면 재귀적인 검색을 더는 수행하지 않는다.

리스트 6.7 웹 페이지에 있는 링크를 모두 수집하는 예제

```python
#!/usr/bin/env python
# Python Network Programming Cookbook -- Chapter - 6
# This program is optimized for Python 2.7.
# It may run on any other version with/without modifications.

import argparse
import sys
import httplib
import re

processed = []

def search_links(url, depth, search):
    # Process http links that are not processed yet
    url_is_processed = (url in processed)
    if (url.startswith("http://") and (not url_is_processed)):
        processed.append(url)
        url = host = url.replace("http://", "", 1)
        path = "/"

        urlparts = url.split("/")
        if (len(urlparts) > 1):
            host = urlparts[0]
            path = url.replace(host, "", 1)

        # Start crawing
        print "Crawling URL path:%s%s " %(host, path)
        conn = httplib.HTTPConnection(host)
        req = conn.request("GET", path)
        result = conn.getresponse()

        # find the links
        contents = result.read()
        all_links = re.findall('href="(.*?)"', contents)
```

```
            if (search in contents):
                print "Found " + search + " at " + url

            print " ==> %s: processing %s links" %(str(depth), str(len(all_links)))
            for href in all_links:
                # Find relative urls
                if (href.startswith("/")):
                    href = "http://" + host + href

                # Recurse links
                if (depth > 0):
                    search_links(href, depth-1, search)
        else:
            print "Skipping link: %s ..." %url

if __name__ == '__main__':
    parser = argparse.ArgumentParser(description='Webpage link crawler')
    parser.add_argument('--url', action="store", dest="url",
required=True)
    parser.add_argument('--query', action="store", dest="query",
required=True)
    parser.add_argument('--depth', action="store", dest="depth",
default=2)

    given_args = parser.parse_args()

    try:
        search_links(given_args.url, given_args.depth,given_args.query)
    except KeyboardInterrupt:
        print "Aborting search by user request."
```

이 예제를 www.python.org에서 python이라는 단어를 찾도록 설정하고 실행하면 다음과 비슷한 결과를 볼 수 있다.[1]

---

1 현재 파이썬 홈페이지는 https로 접속해야 하므로 위의 예제가 동작하지 않는다. 옮긴이는 −url=http://www.daum.net
   −query=MLB로 지정했더니 잘 동작함을 확인했다. − 옮긴이

```
$ python 6_7_python_link_crawler.py --url=http://python.org
--query=python
Crawling URL path:python.org/
Found python at python.org
==> 2: processing 123 links
Crawling URL path:www.python.org/channews.rdf
Found python at www.python.org/channews.rdf
==> 1: processing 30 links
Crawling URL path:www.python.org/download/releases/3.4.0/
Found python at www.python.org/download/releases/3.4.0/
==> 0: processing 111 links
Skipping link: https://ep2013.europython.eu/blog/2013/05/15/epc20145-
call-proposals ...
Crawling URL path:www.python.org/download/releases/3.2.5/
Found python at www.python.org/download/releases/3.2.5/
==> 0: processing 113 links
...
Skipping link: http://www.python.org/download/releases/3.2.4/ ...
Crawling URL path:wiki.python.org/moin/WikiAttack2013
^CAborting search by user request.
```

예제 분석

이 예제는 3개의 명령행 입력인 검색 URL(--url), 질의 문자열(--query), 재귀 호출 횟수(--depth)를 취한다. argparse 모듈이 이 입력을 처리한다.

search_links() 함수를 호출하면 인자로 주어진 페이지에서 질의한 문자열이 발견된 모든 링크에서 재귀적으로 자신을 호출한다. 실행 시간이 너무 오래 걸리면 직접 중지시켜도 된다. 이런 이유로 Ctrl + C 같은 키보드 인터럽트 동작을 처리할 수 있는 try-except 블록 안에 search_links() 함수를 위치시켰다.

search_links() 함수는 이미 방문한 링크를 processed라는 리스트에 보관한다. 이 리스트를 전역 변수로 만들었으므로 모든 재귀 함수 호출에서 접근할 수 있다.

검색 중에는 잠재적인 SSL 인증서 오류를 피하기 위해 오직 HTTP URL만 처리함을 보장했다. URL을 호스트 부분과 경로 부분으로 분리한다. httplib의

HTTPConnection() 함수를 사용해 주요 수집을 초기화한다. 먼저 GET 요청을 수행해 웹 서버로부터 받은 응답을 정규 표현식 모듈인 re를 이용해서 서서히 처리한다. 이 모듈을 이용해 응답으로 얻은 컨텐츠에 있는 모든 링크를 수집한다. 각 응답 컨텐츠에서 검색 용어가 들어 있는지 검사한다. 만약 검색 용어를 발견하면 이를 화면에 출력한다.

수집한 링크는 지금까지와 동일한 방식으로 재귀적으로 방문하게 된다. 만약 관련된 URL이 발견되면 http://를 붙여서 전체 URL로 변환한다. 깊이가 0보다 크면 계속해서 재귀 호출을 한다. 이때 depth의 값을 1씩 줄인 후 검색 함수를 다시 실행한다. depth의 값이 0에 도달하면 재귀 호출이 끝난다.

7

네트워크상의 원격 관리 작업 프로그래밍

7장에서 다루는 내용은 다음과 같다.

- 텔넷을 이용해 외부 기기에서 셸 명령어 실행하기

- SFTP로 외부 기기에 파일 복사하기

- 외부 기기의 CPU 정보 출력하기

- 원격으로 파이썬 패키지 설치하기

- 원격으로 MySQL 명령 실행하기

- SSH를 통해 외부 기기에 파일 전송하기

- 웹사이트를 운영하기 위해 원격으로 아파치 웹 서버 설정하기

소개

7장에서도 몇몇 유용한 라이브러리들을 소개한다. 이 장의 예제는 외부 시스템에 연결하고 명령 실행하기를 좋아하는 시스템 관리자와 고급 수준의 프로그래머를 대상으로 한다. 첫 번째 예제에서는 내장 라이브러리인 `telnetlib`를 사용하는 간단한 예제를 소개한다. 그런 후 원격 접근 라이브러리로 유명한 `paramiko`를 소개한다. 마지막으로 강력한 원격 시스템 관리 라이브러리인 `fabric`을 소개한다. `fabric`은 웹 애플리케이션 배포, 애플리케이션 바이너리 구축 등 자동 배포 스크립트를 작성하는 개발자들에게 사랑받는 라이브러리다.

텔넷을 이용해 외부 기기에서 셸 명령어 실행하기

구형 네트워크 스위치나 라우터에 연결할 때 bash 셸 스크립트나 대화형 모드 셸을 이용하는 대신 파이썬 스크립트를 이용해 작업할 수 있다. 이 예제에서는 간단한 텔넷 세션을 생성한다. 이를 이용해 외부 호스트에서 셸 명령을 실행하는 방법을 보여준다.

준비

먼저 텔넷 서버를 컴퓨터에 설치하고 실행해야 한다. 텔넷 서버 패키지를 설치하기 위해 운영체제의 패키지 관리자를 이용할 수 있다. 데비안이나 우분투 리눅스인 경우 `telnetd` 패키지를 설치하기 위해 `apt-get`이나 `aptitude`를 사용할 수 있다.

```
$ sudo apt-get install telnetd
$ telnet localhost
```

명령행에서 사용자의 로그인 정보를 받아 텔넷 서버에 연결하는 함수를 정의
하자.

연결이 성공하면 유닉스의 'ls' 명령을 전송한다. 그러면 이 명령의 실행 결과물
인 디렉토리 내의 파일 목록을 출력한다.

리스트 7.1 원격으로 텔넷 세션을 통해 유닉스 명령을 실행하는 예제 코드

```python
#!/usr/bin/env python
# Python Network Programming Cookbook -- Chapter - 7
# This program is optimized for Python 2.7.
# It may run on any other version with/without modifications.

import getpass
import sys
import telnetlib

HOST = "localhost"

def run_telnet_session():
    user = raw_input("Enter your remote account: ")
    password = getpass.getpass()

    session = telnetlib.Telnet(HOST)

    session.read_until("login: ")
    session.write(user + "\n")
    if password:
        session.read_until("Password: ")
        session.write(password + "\n")

    session.write("ls\n")
    session.write("exit\n")

    print session.read_all()

if __name__ == '__main__':
    run_telnet_session()
```

컴퓨터에 텔넷 서버를 실행한 후 이 스크립트를 실행하면 사용자 계정과 비밀번호를 물어본다. 다음 결과는 데비안이 설치된 컴퓨터에서 이 스크립트를 실행한 텔넷 세션을 보여준다.

```
$ python 7_1_execute_remote_telnet_cmd.py
Enter remote hostname e.g. localhost: localhost
Enter your remote account: faruq
Password:

ls
exit
Last login: Mon Aug 12 10:37:10 BST 2013 from localhost on pts/9
Linux debian6 2.6.32-5-686 #1 SMP Mon Feb 25 01:04:36 UTC 2013 i686

The programs included with the Debian GNU/Linux system are free software;
the exact distribution terms for each program are described in the
individual files in /usr/share/doc/*/copyright.

Debian GNU/Linux comes with ABSOLUTELY NO WARRANTY, to the extent
permitted by applicable law.
You have new mail.

faruq@debian6:~$ ls
down            Pictures          Videos
Downloads       projects          yEd
Dropbox         Public
env             readme.txt

faruq@debian6:~$ exit
logout
```

예제 분석

이 예제는 파이썬의 내장 네트워킹 라이브러리인 telnetlib를 이용해 텔넷 세션을 생성한다. run_telnet_session() 함수는 명령행 인자로 넘어온 사용자 이름과 비밀번호를 인자로 갖는다. getpass 모듈의 getpass() 함수를 이용해 비밀번호를 입력받는다. 이때 사용자가 입력하는 내용은 화면에서 볼 수가 없다.

텔넷 세션을 생성하려면 Telnet 클래스의 객체를 생성해야 한다. 이때 호스트 이름을 매개변수로 생성자에 전달해야 한다. 이 예제의 경우 localhost를 호스트 이름으로 설정했다. 원한다면 argparse 모듈을 이용해 다른 호스트 이름을 이 스크립트에 전달할 수도 있다.

텔넷 세션을 통해 외부 기기에서 발생한 출력을 read_until() 메소드를 이용해 얻을 수 있다. 첫 번째로 로그인 프롬프트를 이 메소드를 이용해 탐지한다. 그런 후 write() 메소드를 사용해 사용자 이름을 개행 문자와 함께 외부 기기에 전송한다(물론 실제로는 같은 기기지만 외부 기기인 것처럼 취급한다). 마찬가지로 비밀번호를 외부 호스트에 제공한다.

그런 후 ls 명령을 실행하도록 전송한다. 마지막으로 외부 호스트와의 연결을 종료하기 위해 exit 명령을 전송한다. read_all() 메소드를 사용해 외부 호스트로부터 수신하는 모든 세션 데이터를 읽어들인 후 화면에 출력한다.

SFTP로 외부 기기에 파일 복사하기

컴퓨터에서 외부 기기로 안전하게 파일을 업로드하거나 복사하고 싶을 때는 **SFTP**Secure File Transfer Protocol를 이용할 수 있다.

> ### 준비

이 예제는 SFTP로 파일을 복사하는 예를 보여주기 위해 paramiko라는 강력한 네트워킹 라이브러리를 사용한다. 최신 버전의 paramiko를 내려받으려면 깃허브(https://github.com/paramiko/paramiko) 혹은 PyPI를 이용한다.

```
$ pip install paramiko
```

이 예제 스크립트는 외부 호스트 이름, 서버 포트, 원본 파일 이름, 목적 파일 이름을 명령행 인자로 취한다. 간단하게 처리하기 위해 이 입력에 대한 기본 값과 미리 설정한 값들을 사용할 수 있다.

외부 호스트에 접속하려면 사용자 이름과 비밀번호가 필요하며, 이 정보를 사용자로부터 명령행 인자로 직접 얻을 수 있다.

리스트 7.2 SFTP로 파일을 원격으로 복사하는 방법

```python
#!/usr/bin/env python
# Python Network Programming Cookbook -- Chapter - 7
# This program is optimized for Python 2.7.
# It may run on any other version with/without modifications.

import argparse
import paramiko
import getpass

SOURCE = '7_2_copy_remote_file_over_sftp.py'
DESTINATION ='/tmp/7_2_copy_remote_file_over_sftp.py '

def copy_file(hostname, port, username, password, src, dst):
    client = paramiko.SSHClient()
    client.load_system_host_keys()
    print " Connecting to %s \n with username=%s... \n"
%(hostname,username)
    t = paramiko.Transport((hostname, port))
    t.connect(username=username,password=password)
    sftp = paramiko.SFTPClient.from_transport(t)
    print "Copying file: %s to path: %s" %(src, dst)
    sftp.put(src, dst)
    sftp.close()
    t.close()

if __name__ == '__main__':
    parser = argparse.ArgumentParser(description='Remote file copy')
```

```
    parser.add_argument('--host', action="store", dest="host",
default='localhost')
    parser.add_argument('--port', action="store", dest="port", default=22,
type=int)
    parser.add_argument('--src', action="store", dest="src", default=SOURCE)
    parser.add_argument('--dst', action="store", dest="dst",
default=DESTINATION)

    given_args = parser.parse_args()
    hostname, port =  given_args.host, given_args.port
    src, dst = given_args.src, given_args.dst

    username = raw_input("Enter the username:")
    password = getpass.getpass("Enter password for %s: " %username)

    copy_file(hostname, port, username, password, src, dst)
```

이 예제 스크립트를 실행하면 다음과 비슷한 결과를 볼 수 있다.

```
$ python 7_2_copy_remote_file_over_sftp.py
Enter the username:faruq
Enter password for faruq:
 Connecting to localhost
 with username=faruq...
Copying file: 7_2_copy_remote_file_over_sftp.py to path:
/tmp/7_2_copy_remote_file_over_sftp.py
```

예제 분석

이 예제 스크립트는 외부 기기에 연결해 SFTP로 파일을 복사하는 데 필요한 다양한 입력을 취할 수 있다.

예제 스크립트는 명령행 인자를 copy_file() 함수에 전달한다. 그러면 이 함수는 paramiko 라이브러리 SSHClient 클래스의 객체를 생성한다. 이 SSH 클라이언트 객체의 get_host_keys() 메소드를 호출해 시스템상의 hosts 같은 파일에 있는 키를 로드한다. 그런 다음 transport 클래스의 객체를 호스트 이름과 포트 번호를 인자로 하여 생성한 후 connect()를 호출해 외부 시스템에 연결한다. paramiko의 SFTPClient.from_transport() 함수를 이용해 실제 FTP 연결 객체인 sftp를 생성한다. 이 함수는 transport 객체를 입력으로 취한다.

SFTP 연결이 준비된 후에 put() 메소드를 이용해 컴퓨터에 있는 파일을 외부 호스트로 복사한다.

마지막으로, SFTP 연결 객체와 기타 객체들에 대해 close() 메소드를 각각 호출해 깔끔하게 정리하는 게 좋다.

외부 기기의 CPU 정보 출력하기

때때로 SSH 연결을 통해 외부 기기에서 간단한 명령을 실행해야 할 때가 있다. 예를 들면 외부 기기의 CPU나 RAM 정보를 알아내야 할 때도 있다. 이 예제에서 보여준 것처럼 파이썬을 이용해 이런 작업을 쉽게 할 수 있다.

paramiko 라이브러리가 설치돼 있어야 한다. 이 라이브러리는 깃허브의 저장소 (https://github.com/paramiko/paramiko)에서도 구할 수 있다.

```
$ pip install paramiko
```

paramiko 모듈을 이용해 외부 유닉스 기기로 연결하는 세션을 생성한다.

그런 후 이 세션에서 외부 기기의 CPU 정보를 추출하기 위해 /proc/cpuinfo 파일을 읽을 수 있다.

```python
#!/usr/bin/env python
# Python Network Programming Cookbook -- Chapter - 7
# This program is optimized for Python 2.7.
# It may run on any other version with/without modifications.

import argparse
import getpass
import paramiko

RECV_BYTES = 4096
COMMAND = 'cat /proc/cpuinfo'

def print_remote_cpu_info(hostname, port, username, password):
    client = paramiko.Transport((hostname, port))
    client.connect(username=username, password=password)

    stdout_data = []
    stderr_data = []
    session = client.open_channel(kind='session')
    session.exec_command(COMMAND)
    while True:
        if session.recv_ready():
            stdout_data.append(session.recv(RECV_BYTES))
        if session.recv_stderr_ready():
            stderr_data.append(session.recv_stderr(RECV_BYTES))
        if session.exit_status_ready():
            break

    print 'exit status: ', session.recv_exit_status()
    print ''.join(stdout_data)
    print ''.join(stderr_data)

    session.close()
    client.close()

if __name__ == '__main__':
    parser = argparse.ArgumentParser(description='Remote file copy')
    parser.add_argument('--host', action="store", dest="host",
default='localhost')
```

```
    parser.add_argument('--port', action="store", dest="port", default=22,
type=int)
    given_args = parser.parse_args()
    hostname, port = given_args.host, given_args.port

    username = raw_input("Enter the username:")
    password = getpass.getpass("Enter password for %s: " %username)
    print_remote_cpu_info(hostname, port, username, password)
```

이 스크립트를 실행하면 주어진 호스트(실제로는 localhost)의 CPU 정보를 보여준다.

```
$ python 7_3_print_remote_cpu_info.py
Enter the username:faruq
Enter password for faruq:
exit status: 0
processor : 0
vendor_id : GenuineIntel
cpu family : 6
model : 42
model name : Intel(R) Core(TM) i5-2400S CPU @ 2.50GHz
stepping : 7
cpu MHz : 2469.677
cache size : 6144 KB
fdiv_bug : no
hlt_bug : no
f00f_bug : no
coma_bug : no
fpu : yes
fpu_exception : yes
cpuid level : 5
wp : yes
flags : fpu vme de pse tsc msr pae mce cx8 apic sep mtrr pge mca
cmov pat pse36 clflush mmx fxsr sse sse2 syscall nx rdtscp lm constant_
tsc up pni monitor ssse3 lahf_lm
bogomips : 4939.35
clflush size : 64
cache_alignment : 64
address sizes : 36 bits physical, 48 bits virtual
power management:
```

먼저 호스트 이름, 포트 번호, 사용자 이름, 비밀번호 같은 연결에 필요한 정보를 수집한다. 이 정보를 `print_remote_cpu_info()` 함수에 전달한다.

이 함수는 `paramiko`의 `transport` 클래스의 생성자를 호출해 SSH 클라이언트 세션 객체를 생성한다. 그런 후 전달된 사용자 이름과 비밀번호를 이용해 연결을 생성한다. 이제 SSH 클라이언트 객체상에서 `open_channel()` 메소드를 호출해 통신 세션을 생성한다. 외부 호스트에서 명령을 실행하기 위해 `exec_command()`를 호출한다.

외부 호스트로 명령을 전송한 후에는 `recv_ready()` 함수로 외부 호스트로부터의 응답을 기다리며 대기한다. 외부 호스트로부터의 출력과 에러 메시지를 저장하는 `stdout_data`와 `stderr_data`라는 2개의 리스트를 생성한다.

외부 호스트에서 명령을 종료하면 `exit_status_ready()` 메소드를 사용해 이를 탐지할 수 있다. 이 원격 세션의 데이터를 `join()` 메소드를 이용해 서로 연결한다.

마지막으로 세션 객체와 SSH 클라이언트 객체상에서 각각 `close()` 메소드를 호출해 연결을 종료할 수 있다.

원격으로 파이썬 패키지 설치하기

이전 예제들을 다루면서 느꼈겠지만 연결 설정을 하려면 많은 작업이 필요하다. 좀 더 효율적인 프로그램을 만들려면 이런 자세한 세부 사항들을 프로그래머에게 감추고 좀 더 명료한 고수준의 인터페이스만을 노출하면 좋을 듯싶다. 외부 연결을 설정하고 명령을 실행할 때마다 이런 작업을 반복해야 한다면 지루할 뿐만 아니라 작업 속도에도 영향을 준다.

`fabric` 라이브러리(http://fabfile.org/)는 이런 문제를 해결한다. 이 라이브러리는 외부 기기와 효율적으로 대화할 때 사용할 수 있는 API들만을 외부에 노출한다.

이 예제에서는 `fabric`을 사용하는 간단한 예를 보여준다.

먼저 fabric을 설치해야 한다. 다음 명령과 같이 pip나 easy_install 같은 파이 썬 패키지 도구를 이용해 fabric을 설치할 수 있다. fabric 모듈은 paramiko 모 듈에 의존한다. fabric을 설치하면 paramiko 모듈도 자동으로 같이 설치된다.

```
$ pip install fabric
```

이 예제에서는 SSH 프로토콜을 이용해 외부 호스트에 연결한다. 그러므로 외부 호스트에는 SSH 서버가 실행 중이어야 한다. 만약 자신의 컴퓨터로 테스트하고 싶다면, 즉 자신의 컴퓨터를 외부 호스트인 척하고 싶다면 openssh 서버 패키지를 설치한다. 데비안이나 우분투 운영체제에서는 다음과 같이 apt-get을 이용해 패 키지를 설치할 수 있다.

```
$ sudo apt-get install openssh-server
```

다음은 fabric을 이용해 파이썬 패키지를 설치하는 코드다.

리스트 7.4 원격으로 파이썬 패키지를 설치하는 예제

```python
#!/usr/bin/env python
# Python Network Programming Cookbook -- Chapter - 7
# This program is optimized for Python 2.7.
# It may run on any other version with/without modifications.

from getpass import getpass
from fabric.api import settings, run, env, prompt

def remote_server():
    env.hosts = ['127.0.0.1']
    env.user = prompt('Enter user name: ')
    env.password = getpass('Enter password: ')

def install_package():
    run("pip install yolk")
```

fabric을 사용하는 스크립트는 일반적인 파이썬 스크립트와는 다른 방식으로 실행된다. fabric 라이브러리를 사용하는 모든 함수는 fabfile.py라는 파이썬 스크립트 안에 존재해야 한다. __main__ 지시자는 이 스크립트에서 찾을 수 없다. fabric API를 사용하는 자신만의 메소드를 정의해 이 메소드를 fab이라는 명령행 도구를 이용해 실행할 수 있다. 그러므로 python <스크립트>.py를 호출하는 대신 현재 디렉토리의 fabfile.py에 정의되어 있는 fabric 스크립트를 'fab 함수_이름 다른_함수_이름' 같은 식으로 호출해 실행할 수 있다.

따라서 다음과 같이 fabfile.py 스크립트를 생성해보자. 코드를 간단하게 하기 위해 fabfile.py 스크립트로 링크나 바로 가기를 만들 수도 있다. 먼저 이전의 fabfile.py를 삭제하고 fabfile.py로의 바로 가기를 만든다.

```
$ rm -rf fabfile.py
$ ln -s 7_4_install_python_package_remotely.py fabfile.py
```

이 fabfile.py를 호출하면 다음 결과와 함께 외부 기기에 yolk 파이썬 패키지가 설치된다.

```
$ ln -sfn 7_4_install_python_package_remotely.py fabfile.py
$ fab remote_server install_package
Enter user name: faruq
Enter password:
[127.0.0.1] Executing task 'install_package'
[127.0.0.1] run: pip install yolk
[127.0.0.1] out: Downloading/unpacking yolk
[127.0.0.1] out: Downloading yolk-0.4.3.tar.gz (86kB):
[127.0.0.1] out: Downloading yolk-0.4.3.tar.gz (86kB): 100% 86kB
[127.0.0.1] out: Downloading yolk-0.4.3.tar.gz (86kB):
[127.0.0.1] out: Downloading yolk-0.4.3.tar.gz (86kB): 86kB
downloaded
[127.0.0.1] out: Running setup.py egg_info for package yolk
[127.0.0.1] out: Installing yolk script to /home/faruq/env/bin
[127.0.0.1] out: Successfully installed yolk
[127.0.0.1] out: Cleaning up...
[127.0.0.1] out:
Done.
Disconnecting from 127.0.0.1... done.
```

이 예제에서는 파이썬 스크립트를 이용해 원격으로 어떻게 시스템 관리 작업을 할 수 있는지 보여준다. 이 스크립트에는 2개의 함수가 존재한다. `remote_server()` 함수는 `fabric`의 `env` 환경 변수, 즉 호스트 이름, 사용자 아이디, 비밀번호 등을 설정한다.

`install_package()` 함수는 `run()` 함수를 호출한다. 이 함수는 사용자가 명령행에서 입력한 명령을 인자로 취한다(예제의 경우 `pip install yolk`). 이 명령은 `yolk`라는 파이썬 패키지를 `pip` 명령을 이용해 설치한다. 이전 예제와 `fabric`을 이용한 이번 예제를 비교해보면 후자의 방식이 원격으로 명령을 실행하는 데 있어 훨씬 간편하면서도 효율적임을 알 수 있다.

원격으로 MySQL 명령 실행하기

원격으로 MySQL 서버를 관리해야 한다면 이번 예제를 이용할 수 있다. 이번 예제 스크립트에서는 외부 MySQL 서버에 데이터베이스 관리 명령을 전송하는 방법을 보여준다. 데이터베이스를 필요로 하는 웹 애플리케이션을 설정해야 한다면 이번 예제를 그 설정 작업에서 사용할 수 있다.

이번 예제도 `fabric`이 설치돼 있어야 한다. `pip`나 `easy_install` 같은 파이썬 패키지 도구를 이용해 다음과 같이 `fabric`을 설치할 수 있다. `fabric`은 `paramiko` 모듈에 의존하며 이 모듈도 자동으로 같이 설치된다.

```
$ pip install fabric
```

이 예제에서는 SSH 프로토콜을 이용해 외부 호스트에 연결한다. 그러므로 외부 호스트에는 SSH 서버가 필요하며, 외부 호스트에 MySQL 서버도 실행 중이어야 한다. 데비안이나 우분투를 운영체제로 사용한다면 다음과 같이 `apt-get` 패키지 관리 도구를 이용해 설치할 수 있다.

```
$ sudo apt-get install openssh-server mysql-server
```


`fabric`의 환경 설정 변수와 MySQL을 원격으로 관리하기 위한 함수 몇 가지를 정의한다. 이 함수들은 `mysql` 실행 파일을 직접 실행하는 대신 `echo` 명령을 통해 `mysql` 명령에 SQL 명령을 전송한다. 이렇게 하면 `mysql` 실행에 필요한 매개변수를 `mysql` 명령에 올바르게 전달할 수 있다.

리스트 7.5 MySQL 명령을 원격에서 실행하는 코드

```python
#!/usr/bin/env python
# Python Network Programming Cookbook -- Chapter - 7
# This program is optimized for Python 2.7.
# It may run on any other version with/without modifications.

from getpass import getpass
from fabric.api import run, env, prompt, cd

def remote_server():
    env.hosts = ['127.0.0.1']
    env.user = prompt('Enter your system username: ')
    env.password = getpass('Enter your system user password: ')
    env.mysqlhost = 'localhost'
    env.mysqluser = prompt('Enter your db username: ')
    env.mysqlpassword = getpass('Enter your db user password: ')
    env.db_name = ''

def show_dbs():
    """ Wraps mysql show databases cmd"""
    q = "show databases"
    run("echo '%s' | mysql -u%s -p%s" %(q, env.mysqluser, env.mysqlpassword))

def run_sql(db_name, query):
```

```python
    """ Generic function to run sql"""
    with cd('/tmp'):
        run("echo '%s' | mysql -u%s -p%s -D %s" %(query, env.mysqluser,
env.mysqlpassword, db_name))


def create_db():
    """Create a MySQL DB for App version"""
    if not env.db_name:
        db_name = prompt("Enter the DB name:")
    else:
        db_name = env.db_name
    run('echo "CREATE DATABASE %s default character set utf8 collate
utf8_unicode_ci;"|mysql --batch --user=%s --password=%s --host=%s'\
        % (db_name, env.mysqluser, env.mysqlpassword, env.mysqlhost), pty=True)


def ls_db():
    """ List a dbs with size in MB """
    if not env.db_name:
        db_name = prompt("Which DB to ls?")
    else:
        db_name = env.db_name
    query = """SELECT table_schema                          "DB Name",
        Round(Sum(data_length + index_length) / 1024 / 1024, 1) "DB Size in MB"
        FROM   information_schema.tables
        WHERE table_schema = \"%s\"
        GROUP  BY table_schema """ %db_name
    run_sql(db_name, query)


def empty_db():
    """ Empty all tables of a given DB """
    db_name = prompt("Enter DB name to empty:")
    cmd = """
    (echo 'SET foreign_key_checks = 0;';
    (mysqldump -u%s -p%s --add-drop-table --no-data %s |
     grep ^DROP);
     echo 'SET foreign_key_checks = 1;') | \
     mysql -u%s -p%s -b %s
    """ %(env.mysqluser, env.mysqlpassword, db_name, env.mysqluser,
env.mysqlpassword, db_name)
    run(cmd)
```

216

이 스크립트를 실행하려면 fabfile.py라는 바로 가기를 만들어야 한다. 명령행에서 다음과 같이 입력할 수 있다.

```
$ ln -sfn 7_5_run_mysql_command_remotely.py fabfile.py
```

그런 후 fab 명령을 여러 가지 형태로 실행할 수 있다.

다음 명령은 SQL 질의문인 show databases를 이용해 데이터베이스 목록을 보여준다.

```
$ fab remote_server show_dbs
```

다음 명령은 새로운 MySQL 데이터베이스를 생성한다. db_name이라는 fabric 환경 변수를 아직 정의하지 않았다면 데이터베이스 이름을 입력하라는 프롬프트가 나타난다. 'CREATE DATABASE <database_name> default character set utf8 collate utf8_unicode_ci;'라는 SQL 명령을 이용해 이 데이터베이스를 생성한다.

```
$ fab remote_server create_db
```

다음 fabric 명령은 데이터베이스의 크기를 보여준다.

```
$ fab remote_server ls_db()
```

다음 fabric 명령은 mysqldump와 mysql 실행 파일을 이용해 특정 데이터베이스를 비운다. 이 함수의 동작은 특정 데이터베이스를 삭제하는 작업과 비슷하다. 하지만 이 함수의 경우 데이터베이스 내에 있는 모든 테이블만을 제거한다. 그 결과는 아무런 테이블도 갖지 않은 새로운 데이터베이스를 생성한 결과와 동일하다.

```
$ fab remote_server empty_db()
```

다음은 위 스크립트들을 실행한 결과다.

```
$ fab remote_server show_dbs
[127.0.0.1] Executing task 'show_dbs'
[127.0.0.1] run: echo 'show databases' | mysql -uroot -p<DELETED>
[127.0.0.1] out: Database
```

```
[127.0.0.1] out: information_schema
[127.0.0.1] out: mysql
[127.0.0.1] out: phpmyadmin
[127.0.0.1] out:
Done.
Disconnecting from 127.0.0.1... done.

$ fab remote_server create_db
[127.0.0.1] Executing task 'create_db'
Enter the DB name: test123
[127.0.0.1] run: echo "CREATE DATABASE test123 default character set utf8
collate utf8_unicode_ci;"|mysql --batch --user=root --password=<DELETED>
--host=localhost
Done.
Disconnecting from 127.0.0.1... done.

$ fab remote_server show_dbs
[127.0.0.1] Executing task 'show_dbs'
[127.0.0.1] run: echo 'show databases' | mysql -uroot -p<DELETED>
[127.0.0.1] out: Database
[127.0.0.1] out: information_schema
[127.0.0.1] out: collabtive
[127.0.0.1] out: test123
[127.0.0.1] out: testdb
[127.0.0.1] out:
Done.
Disconnecting from 127.0.0.1... done.
```

예제 분석

이 스크립트는 fabric을 이용하는 몇 개의 함수를 정의한다. 첫 번째 함수
remote_server()는 환경 변수를 설정한다. 이때 루프백loopback IP 주소(127.0.0.1)
를 호스트 리스트에 넣는다. 시스템 사용자 정보와 MySQL 로그인 정보를
getpass()를 이용해 얻는다.

그 밖의 함수는 외부 MySQL 서버상에서 echo 명령으로 mysql 실행 파일에 SQL 명령을 전달, 실행하기 위해 fabric의 run() 함수를 활용한다.

제네릭 함수인 run_sql() 함수는 다른 함수에서 명령을 전송할 때 사용하는 일종의 래퍼wrapper 함수라고 할 수 있다. 예를 들면 empty_db() 함수는 이 함수를 호출해 SQL 명령을 실행한다. 이런 방식을 사용해 코드를 좀 더 체계화하고 깔끔하게 만들 수 있다.

SSH를 통해 외부 기기에 파일 전송하기

fabric을 이용하면 원격 관리 작업 자동화 외에도 자신의 컴퓨터와 외부 기기 사이의 파일 전송을 SSH를 통해 실행할 수 있다. 이때 fabric의 get(), put() 내장 함수를 사용한다. 이번 예제에서는 파일 전송 전, 후에 디스크 공간을 점검한 후 파일을 전송하는 함수를 생성하는 방법을 보여준다.

준비

이 예제에서도 fabric을 필요로 한다. pip나 easy_install을 이용해 이 패키지를 설치한다.

```
$ pip install fabric
```

이 예제에서는 SSH 프로토콜을 이용해 외부 호스트에 접속한다. 그러므로 외부 호스트에는 설치된 SSH 서버가 실행 중이어야 한다.

예제 구현

먼저 fabric의 환경 변수를 설정한 후 2개의 함수를 생성해보자. 하나는 파일 다운로드를 위한 함수이고, 다른 하나는 파일 업로드를 위한 함수다.

```python
#!/usr/bin/env python
# Python Network Programming Cookbook -- Chapter - 7
# This program is optimized for Python 2.7.
# It may run on any other version with/without modifications.

from getpass import getpass
from fabric.api import local, run, env, get, put, prompt, open_shell

def remote_server():
    env.hosts = ['127.0.0.1']
    env.password = getpass('Enter your system password: ')
    env.home_folder = '/tmp'

def login():
    open_shell(command="cd %s" %env.home_folder)

def download_file():
    print "Checking local disk space..."
    local("df -h")
    remote_path = prompt("Enter the remote file path:")
    local_path = prompt("Enter the local file path:")
    get(remote_path=remote_path, local_path=local_path)
    local("ls %s" %local_path)

def upload_file():
    print "Checking remote disk space..."
    run("df -h")
    local_path = prompt("Enter the local file path:")
    remote_path = prompt("Enter the remote file path:")
    put(remote_path=remote_path, local_path=local_path)
    run("ls %s" %remote_path)
```

예제 스크립트를 실행하기 위해 fabfile.py라는 바로 가기를 만들어야 한다. 다음
과 같은 명령으로 이 파일을 생성할 수 있다.

```
$ ln -sfn 7_6_transfer_file_over_ssh.py fabfile.py
```

그런 후 fab 명령을 여러 가지 형태로 실행할 수 있다.

먼저 외부 서버에 접속하기 위해 다음과 같이 fabric 함수를 실행한다.

```
$ fab remote_server login
```

이 명령을 실행하고 나면 자그마한 셸과 비슷한 화면을 보여준다. 이제 원격 서버로부터 자신의 컴퓨터로 파일을 다운로드한다.

```
$ fab remote_server download_file
```

또한 다음 명령을 이용해 파일을 업로드해보자.

```
$ fab remote_server upload_file
```

이 예제는 SSH를 이용하므로 자신의 컴퓨터에 SSH 서버를 설치해야 한다. 자신의 컴퓨터에 접속하지 않고 외부 서버에 접속하고 싶다면 remote_server() 함수를 변경해야 한다.

```
$ fab remote_server login
[127.0.0.1] Executing task 'login'
Linux debian6 2.6.32-5-686 #1 SMP Mon Feb 25 01:04:36 UTC 2013 i686

The programs included with the Debian GNU/Linux system are free software;
the exact distribution terms for each program are described in the
individual files in /usr/share/doc/*/copyright.

Debian GNU/Linux comes with ABSOLUTELY NO WARRANTY, to the extent
permitted by applicable law.
You have new mail.
Last login: Wed Aug 21 15:08:45 2013 from localhost
cd /tmp
faruq@debian6:~$ cd /tmp
faruq@debian6:/tmp$

<CTRL+D>
faruq@debian6:/tmp$ logout

Done.
Disconnecting from 127.0.0.1... done.
```

```
$ fab remote_server download_file
[127.0.0.1] Executing task 'download_file'
Checking local disk space...
[localhost] local: df -h
Filesystem          Size  Used Avail Use% Mounted on
/dev/sda1            62G   47G   12G  81% /
tmpfs               506M     0  506M   0% /lib/init/rw
udev                501M  160K  501M   1% /dev
tmpfs               506M  408K  505M   1% /dev/shm
Z_DRIVE            1012G  944G   69G  94% /media/z
C_DRIVE             466G  248G  218G  54% /media/c
Enter the remote file path: /tmp/op.txt
Enter the local file path: .
[127.0.0.1] download: chapter7/op.txt <- /tmp/op.txt
[localhost] local: ls .
7_1_execute_remote_telnet_cmd.py    7_3_print_remote_cpu_info.py
7_5_run_mysql_command_remotely.py   7_7_configure_Apache_for_hosting_
website_remotely.py   fabfile.pyc    __init__.py   test.txt
7_2_copy_remote_file_over_sftp.py    7_4_install_python_package_
remotely.py   7_6_transfer_file_over_ssh.py         fabfile.py
index.html      op.txt        vhost.conf

Done.
Disconnecting from 127.0.0.1... done.
```

예제 분석

이 예제에서는 외부 기기와 파일을 전송하기 위해 몇 가지 `fabric` 내장 함수를 사용했다. `local()` 함수는 자신의 컴퓨터에서 지정한 명령을 실행한다. 반면에 `run()` 함수는 외부 기기에서 명령을 실행한다.

이 기능을 이용해 파일을 업로드하거나 다운로드하기 전에 외부 기기의 디스크 사용 가능 용량을 점검할 수 있다.

디스크 용량 확인은 유닉스 명령어인 `df`를 이용한다. 원본 파일 경로와 대상 파일 경로를 명령 프롬프드를 통해 지정힐 수 있다.

웹사이트를 운영하기 위해 원격으로 아파치 웹 서버 설정하기

fabric 함수들은 일반 사용자와 슈퍼유저, 두 권한 모두를 이용해 실행할 수 있다. 외부 기기에 실행 중인 아파치 웹 서버에 웹사이트를 설치하려면 관리자 권한을 갖고 있어야 설정 파일을 생성하고 웹 서버를 재시작할 수 있다. 이번 예제에서는 fabric의 sudo() 함수를 소개한다. 이 함수는 외부 기기에서 슈퍼유저의 권한으로 명령을 실행한다. 이번 예제에서는 새로운 웹사이트를 운영하기 위해 아파치 가상 호스트를 설정한다.

준비

이 예제를 실행하려면 fabric이 설치돼 있어야 한다. pip나 easy_install을 이용해 다음과 같이 fabric을 설치한다.

```
$ pip install fabric
```

이 예제에서도 SSH 프로토콜을 이용해 외부 호스트에 연결한다. 그러므로 외부 호스트에는 설치된 SSH 서버가 실행 중이어야 한다. 또한 외부 호스트에 아파치 웹 서버가 설치됐고 실행 중이라고 가정한다. 데비안, 우분투 기기에서는 다음과 같이 apt-get 명령을 이용해 아파치 웹 서버를 설치할 수 있다.

```
$ sudo apt-get install openssh-server apache2
```

예제 구현

먼저 아파치의 설치 경로와 기타 설정 변수, 예를 들면 웹 서버 사용자, 그룹, 가상 호스트 설정 파일 경로, 초기화 스크립트 경로 등에 대한 정보를 수집한 후 이 정보들을 상수로 정의할 수 있다.

그러면 remote_server()와 setup_vhost()라는 2개의 함수를 설정해 아파치 설정 작업을 실행한다.

```python
#!/usr/bin/env python
# Python Network Programming Cookbook -- Chapter - 7
# This program is optimized for Python 2.7.
# It may run on any other version with/without modifications.

from getpass import getpass
from fabric.api import env, put, sudo, prompt
from fabric.contrib.files import exists

WWW_DOC_ROOT = "/data/apache/test/"
WWW_USER = "www-data"
WWW_GROUP = "www-data"
APACHE_SITES_PATH = "/etc/apache2/sites-enabled/"
APACHE_INIT_SCRIPT = "/etc/init.d/apache2 "

def remote_server():
    env.hosts = ['127.0.0.1']
    env.user = prompt('Enter user name: ')
    env.password = getpass('Enter your system password: ')

def setup_vhost():
    """ Setup a test website """
    print "Preparing the Apache vhost setup..."
    print "Setting up the document root..."
    if exists(WWW_DOC_ROOT):
        sudo("rm -rf %s" %WWW_DOC_ROOT)
    sudo("mkdir -p %s" %WWW_DOC_ROOT)
    sudo("chown -R %s.%s %s" %(env.user, env.user, WWW_DOC_ROOT))
    put(local_path="index.html", remote_path=WWW_DOC_ROOT)
    sudo("chown -R %s.%s %s" %(WWW_USER, WWW_GROUP, WWW_DOC_ROOT))
    print "Setting up the vhost..."
    sudo("chown -R %s.%s %s" %(env.user, env.user, APACHE_SITES_PATH))
    put(local_path="vhost.conf", remote_path=APACHE_SITES_PATH)
    sudo("chown -R %s.%s %s" %('root', 'root', APACHE_SITES_PATH))
    sudo("%s restart" %APACHE_INIT_SCRIPT)
    print "Setup complete. Now open the server path http://abc.remote-
server.org/ in your web browser."
```

위 예제 스크립트를 실행하려면 다음 내용을 호스트 파일(예: /etc/hosts)에 추가해야
한다.

```
127.0.0.1 abc.remote-server.org abc
```

또한 fabfile.py라는 바로 가기 파일을 생성해야 한다. 명령행에서 다음과 같이 입력한다.

```
$ ln -sfn 7_7_configure_Apache_for_hosting_website_remotely.py
fabfile.py
```

그런 후 fab 명령을 실행한다.

먼저 예제 스크립트를 이용해 외부 서버에 로그인하기 위해 fabric 함수를 실행한다. 그러면 다음과 같은 결과가 나타난다.

```
$ fab remote_server setup_vhost
[127.0.0.1] Executing task 'setup_vhost'
Preparing the Apache vhost setup...
Setting up the document root...
[127.0.0.1] sudo: rm -rf /data/apache/test/
[127.0.0.1] sudo: mkdir -p /data/apache/test/
[127.0.0.1] sudo: chown -R faruq.faruq /data/apache/test/
[127.0.0.1] put: index.html -> /data/apache/test/index.html
[127.0.0.1] sudo: chown -R www-data.www-data /data/apache/test/
Setting up the vhost...
[127.0.0.1] sudo: chown -R faruq.faruq /etc/apache2/sites-enabled/
[127.0.0.1] put: vhost.conf -> /etc/apache2/sites-enabled/vhost.conf
[127.0.0.1] sudo: chown -R root.root /etc/apache2/sites-enabled/
[127.0.0.1] sudo: /etc/init.d/apache2 restart
[127.0.0.1] out: Restarting web server: apache2apache2: Could not
reliably determine the server's fully qualified domain name, using
127.0.0.1 for ServerName
[127.0.0.1] out: ... waiting apache2: Could not reliably determine the
server's fully qualified domain name, using 127.0.0.1 for ServerName
[127.0.0.1] out: .
[127.0.0.1] out:

Setup complete. Now open the server path http://abc.remote-server.org/ in
your web browser.

Done.
Disconnecting from 127.0.0.1... done.
```

이 예제를 실행한 후 웹 브라우저를 열어서 호스트 파일(예: /etc/hosts)에 설정한 경로에 접근해보자. 그러면 브라우저에서 다음과 같은 결과를 볼 수 있어야 한다.

```
It works!
This is the default web page for this server.
The web server software is running but no content has been added,
yet.
```

이 예제는 아파치의 설정 변수들을 상수로 정의한 후 2개의 함수를 정의한다. remote_server() 함수는 일반적인 fabric 환경 변수, 즉 예로 hosts, user, password 등을 설정한다.

setup_vhost() 함수는 특권 명령privileged command을 연속으로 실행한다. 먼저 exists() 함수를 이용해 웹사이트의 도큐먼트 루트document root 경로가 이미 존재하는지 확인한다. 만약 존재하면 이를 제거하고 새로 생성한다. chown을 이용해 이 경로를 현재 사용자가 소유하도록 설정한다.

그 다음 단계에서는 index.html이라는 HTML 파일을 도큐먼트 루트로 업로드한다. 업로드 후에는 파일의 권한을 웹 사용자로 변경한다.

setup_vhost() 함수는 도큐먼트 루트 설정이 끝난 후에 예제에 포함된 vhost.conf 파일을 아파치 웹 서버의 설정 경로에 업로드한다. 그런 후 이 파일의 소유자를 슈퍼유저로 설정한다.

마지막으로 아파치 웹 서버를 재시작하여 설정 파일을 다시 읽도록 한다. 설정이 성공적으로 끝났다면 http://abc.remote-server.org/를 웹 브라우저상에 입력해 앞에 보여준 메시지를 확인할 수 있어야 한다.

8

웹 서비스 API로 작업하기
(XML-RPC, SOAP, REST)

8장에서 다루는 내용은 다음과 같다.

- XML-RPC 서버 질의

- 다중 호출을 허용하는 멀티스레드 XML-RPC 서버 작성

- 기본적인 HTTP 인증을 갖춘 XML-RPC 서버 운영

- REST API를 이용한 플리커 사진 정보 수집

- 아마존 S3 웹 서비스로부터 SOAP 메소드 검색

- 구글을 이용한 고급 정보 검색

- 아마존의 상품 검색 API를 이용한 서적 검색

소개

8장에서는 세 가지 방식으로 웹 서비스를 이용하는 흥미로운 파이썬 예제들을 소개한다. 이 세 가지 방식이란 **XML RPC**Remote Procedure Call, **SOAP**Simple Object Access Protocol, **REST**Representational State Transfer를 의미한다. 웹 서비스는 웹상의 두 소프트웨어 간에 통신할 수 있도록 주의 깊게 설계한 프로토콜을 이용한다. 실제로 웹 서비스를 위해 다양한 프로토콜을 사용한다.

8장에서는 흔하게 사용하는 프로토콜 3개의 예제를 제공한다. XML-RPC는 HTTP를 전송 매개체로 사용하며 XML 컨텐츠를 이용해 통신한다. XML-RPC를 구현하는 서버는 적절한 클라이언트로부터 호출을 기다린다. 클라이언트는 이 서버를 여러 매개변수와 함께 호출해 원격 프로시저procedure를 실행한다. XML-RPC는 간단하며 최소한의 보안사항만을 염두에 두고 설계됐다. 반면 SOAP은 다양한 메시지 패턴을 사용하는 좀 더 강화된 RPC라고 할 수 있다. REST는 웹 서비스를 이용하기 위한 구조적인 방식을 사용한다. 이 방식은 HTTP의 요청 메소드, 즉 GET, POST, PUT, DELETE와 같이 사용한다. 이번 장에서는 몇몇 공통적인 작업을 수행하기 위해 이 웹 서비스 프로토콜과 방식을 실제로 사용하는 방법을 제시한다.

XML-RPC 서버 질의

웹 프로그래밍을 자주 하는 독자라면 XML-RPC 서비스를 지원하는 웹사이트로부터 정보를 가져오는 작업을 한 번쯤은 이미 해봤을 것이다. XML-RPC 예제를 자세히 살펴보기 전에 먼저 XML-RPC 서버를 설치하고 연결을 시도해보자.

준비

이 예제에서는 여러 실행 프로그램을 실행, 관리하는 데 사용하는 supervisor라는 프로그램을 사용한다. supervisor는 백그라운드 데몬daemon으로 실행되어 자식 프로세스들을 감시하다가 그 프로세스가 갑자기 종료되면 재시작한다. 다음 명령을 통해 supervisor를 간단하게 설치할 수 있다.

```
$pip install supervisor
```

예제 구현

먼저 supervisor를 위한 설정 파일을 생성해야 한다. 예제 설정 파일이 예제 스크립트와 같은 디렉토리에 준비돼 있다. 이 예제에서는 이 파일에 유닉스 HTTP 서버 소켓과 그 밖의 매개변수를 정의한다. 클라이언트와 통신하기 위해 정의한 rpcinterface_factory에 주목하자(supervisord.conf의 rpcinterface:supervisor 섹션 참고).

supervisor를 사용하기 위해 간단한 서버 프로그램에 필요한 명령과 매개변수를 program:8_2_multithreaded_multicall_xmlrpc_server.py 섹션에서 설정한다.

리스트 8.1a 최소한의 supervisor 설정

```
[unix_http_server]
file=/tmp/supervisor.sock ; (the path to the socket file)
chmod=0700 ; socket file mode (default 0700)
...

[supervisord]
logfile=/tmp/supervisord.log
loglevel=info
...
pidfile=/tmp/supervisord.pid
nodaemon=true
...

[rpcinterface:supervisor]
supervisor.rpcinterface_factory = supervisor.rpcinterface:make_main_
rpcinterface
...
```

```
[program:8_2_multithreaded_multicall_xmlrpc_server.py]
command=python 8_2_multithreaded_multicall_xmlrpc_server.py ; the
program (relative uses PATH, can take args)
process_name=%(program_name)s ; process_name expr (default
%(program_name)s)
...
```

위의 supervisor 설정 파일을 선호하는 에디터에서 생성한 후에는 supervisor 를 간단히 호출해 실행할 수 있다.

이제 supervisor의 프록시 서버처럼 동작하는 XML-RPC 클라이언트를 작성해 실행 중인 프로세스들에 대한 정보를 얻을 수 있다.

리스트 8.1b XML-RPC 서버에 질의하는 코드

```python
#!/usr/bin/env python
# Python Network Programming Cookbook -- Chapter - 8
# This program is optimized for Python 2.7.
# It may run on any other version with/without modifications.

import supervisor.xmlrpc
import xmlrpclib

def query_supervisr(sock):
    transport = supervisor.xmlrpc.SupervisorTransport(None, None,
                'unix://%s' %sock)
    proxy = xmlrpclib.ServerProxy('http://127.0.0.1',
            transport=transport)
    print "Getting info about all running processes via Supervisord..."
    print proxy.supervisor.getAllProcessInfo()

if __name__ == '__main__':
    query_supervisr(sock='/tmp/supervisor.sock')
```

먼저 supervisor 데몬을 실행하면 다음과 비슷한 결과를 볼 수 있다.

```
chapter8$ supervisord
2013-09-27 16:40:56,861 INFO RPC interface 'supervisor' initialized
2013-09-27 16:40:56,861 CRIT Server 'unix_http_server' running
```

```
without any HTTP authentication checking
2013-09-27 16:40:56,861 INFO supervisord started with pid 27436
2013-09-27 16:40:57,864 INFO spawned:
'8_2_multithreaded_multicall_xmlrpc_server.py' with pid 27439
2013-09-27 16:40:58,940 INFO success:
8_2_multithreaded_multicall_xmlrpc_server.py entered RUNNING state,
process has stayed up for > than 1 seconds (startsecs)
```

자식 프로세스에서 8_2_multithreaded_multicall_xmlrpc_server.py가 실행됐음을 확인할 수 있다.

이제 클라이언트 코드를 실행한다. 이 코드는 다음과 같이 supervisor의 XML-RPC 서버 인터페이스에 질의해 실행 중인 프로세스 목록을 나열한다.

```
$ python 8_1_query_xmlrpc_server.py
Getting info about all running processes via Supervisord...
[{'now': 1380296807, 'group':
'8_2_multithreaded_multicall_xmlrpc_server.py', 'description': 'pid
27439, uptime 0:05:50', 'pid': 27439, 'stderr_logfile':
'/tmp/8_2_multithreaded_multicall_xmlrpc_server.py-stderr---
supervisor-i_VmKz.log', 'stop': 0, 'statename': 'RUNNING', 'start':
1380296457, 'state': 20, 'stdout_logfile':
'/tmp/8_2_multithreaded_multicall_xmlrpc_server.py-stdout---
supervisor-eMuJqk.log', 'logfile':
'/tmp/8_2_multithreaded_multicall_xmlrpc_server.py-stdout---
supervisor-eMuJqk.log', 'exitstatus': 0, 'spawnerr': '', 'name':
'8_2_multithreaded_multicall_xmlrpc_server.py'}]
```

예제 분석

이 예제를 실행하려면 먼저 rpcinterface와 함께 supervisor 데몬을 백그라운드로 실행해야 한다. 이 supervisor 데몬은 8_2_multithreaded_multicall_xmlrpc_server.py라는 다른 XML-RPC 서버를 실행한다.

클라이언트 코드에는 query_supervisr() 메소드가 있다. 이 메소드는 supervisor 소켓을 인자로 받는다. 이 메소드는 먼저 유닉스 소켓의 경로와 함께

SupervisorTransport 클래스의 객체를 생성한다. 그런 후 방금 생성한 transport 객체와 서버 주소를 전달해 xmlrpclib의 ServerProxy 객체를 생성한다.

XML-RPC 서버 프록시는 supervisor의 getAllProcessInfo() 메소드를 호출한다. 이 메소드는 이 supervisor의 자식 프로세스의 정보, pid, statename, description 등과 같은 정보를 출력한다.

다중 호출을 허용하는 멀티스레드 XML-RPC 서버 작성

동시에 다중 호출을 허용하는 XML-RPC 서버를 만들 수 있다. 이는 다수의 함수 호출을 통해 단일 결과를 반환받을 수 있음을 의미한다. 이에 추가해, 만약 서버가 멀티스레드를 사용한다면 하나의 스레드로 동작할 때보다 더 많은 코드를 실행할 수 있다. 그런 동안에도 프로그램의 주 스레드는 기다릴 필요가 없이 다른 작업을 수행할 수 있다.

예제 구현

threading.Thread 클래스를 상속하는 ServerThread 클래스를 생성한 후 SimpleXMLRPCServer 클래스의 객체를 이 클래스의 속성으로 설정한다. 이렇게 설정하면 다중 호출을 허용한다.

그런 후 예제를 위해 2개의 함수를 생성한다. 하나는 다중 호출을 허용하는 멀티스레드 XML-RPC 서버를 실행하고, 다른 하나는 이 서버에 연결하는 클라이언트를 생성한다.

리스트 8.2 다중 호출을 허용하는 멀티스레드 XML-RPC 서버 코드

```python
#!/usr/bin/env python
# Python Network Programming Cookbook -- Chapter - 8
# This program is optimized for Python 2.7.
# It may run on any other version with/without modifications.
```

```
import argparse
import xmlrpclib
import threading

from SimpleXMLRPCServer import SimpleXMLRPCServer

# some trivial functions
def add(x,y):
    return x+y

def subtract(x, y):
    return x-y

def multiply(x, y):
    return x*y

def divide(x, y):
    return x/y

class ServerThread(threading.Thread):
    def __init__(self, server_addr):
        threading.Thread.__init__(self)
        self.server = SimpleXMLRPCServer(server_addr)
        self.server.register_multicall_functions()
        self.server.register_function(add, 'add')
        self.server.register_function(subtract, 'subtract')
        self.server.register_function(multiply, 'multiply')
        self.server.register_function(divide, 'divide')

    def run(self):
        self.server.serve_forever()

def run_server(host, port):
    # server code
    server_addr = (host, port)
    server = ServerThread(server_addr)
    server.start() # The server is now running
```

```
        print "Server thread started. Testing the server..."

def run_client(host, port):
    # client code
    proxy = xmlrpclib.ServerProxy("http://%s:%s/" %(host, port))
    multicall = xmlrpclib.MultiCall(proxy)
    multicall.add(7,3)
    multicall.subtract(7,3)
    multicall.multiply(7,3)
    multicall.divide(7,3)
    result = multicall()
    print "7+3=%d, 7-3=%d, 7*3=%d, 7/3=%d" % tuple(result)

if __name__ == '__main__':
    parser = argparse.ArgumentParser(description='Multithreaded multicall
XMLRPC Server/Proxy')
    parser.add_argument('--host', action="store", dest="host",
default='localhost')
    parser.add_argument('--port', action="store", dest="port",
default=8000, type=int)
    # parse arguments
    given_args = parser.parse_args()
    host, port =  given_args.host, given_args.port
    run_server(host, port)
    run_client(host, port)
```

이 예제를 실행하면 다음과 비슷한 결과를 볼 수 있다.

```
$ python 8_2_multithreaded_multicall_xmlrpc_server.py --port=8000
Server thread started. Testing the server...
localhost - - [25/Sep/2013 17:38:32] "POST / HTTP/1.1" 200 -
7+3=10, 7-3=4, 7*3=21, 7/3=2
```

이 예제에서는 파이썬의 threading 라이브러리의 Thread 클래스를 상속하는 ServerThread 하위 클래스를 정의했다. 이 하위 클래스는 SimpleXMLRPCServer 의 객체를 생성하는 서버의 속성을 초기화한다. XML-RPC 서버의 주소는 명령 행 인자로 주어진다. 다중 호출 함수를 활성화하기 위해 register_multicall_ functions() 메소드를 서버 객체상에서 호출한다.

그런 후 간단한 4개의 함수인 add(), subtract(), multiply(), divide()를 XML-RPC 서버에 등록한다. 이 함수들은 각자의 이름이 의미하는 작업을 수행한다.

서버를 실행하기 위해 run_server() 함수에 호스트 주소와 포트 번호를 전달 한다. ServerThread 클래스를 이용해 서버 객체를 생성한다. 이 서버 객체의 start() 메소드는 XML-RPC 서버를 실행시킨다.

클라이언트 쪽에서 실행하는 run_client() 함수도 같은 호스트 주소와 포트 번 호를 명령행 인자로부터 얻는다. 그런 후 xmlrpclib에 있는 ServerProxy()를 호 출해 XML-RPC 서버의 프록시 객체를 생성한다. 이 프록시 객체를 Multicall 클 래스의 생성자에 전달해 multicall이라는 객체를 생성한다. 이제 위에서 설명한 4개의 함수인 add, subtract, multiply, divide를 실행할 수 있다. 최종적으로 multicall() 같은 하나의 호출을 통해 원하는 결과를 얻는다. 결과로 얻은 튜플 tuple을 한 줄로 화면에 출력한다.

기본적인 HTTP 인증을 갖춘 XML-RPC 서버 운영

어떤 경우에는 XML-RPC 서버에 인증 기능이 필요할 수도 있다. 이 예제는 간단 한 HTTP 인증 기능을 갖춘 XML-RPC 서버를 보여준다.

SimpleXMLRPCServer의 하위 클래스를 생성한 후 요청 핸들러 메소드를 재정의하여 요청이 들어오면 먼저 지정된 로그인 정보를 검증하는 작업을 수행한다.

리스트 8.3a 기본적인 HTTP 인증 기능을 갖춘 XML-RPC 서버 실행 코드

```python
#!/usr/bin/env python
# Python Network Programming Cookbook -- Chapter - 8
# This program is optimized for Python 2.7.
# It may run on any other version with/without modifications.

import argparse
import xmlrpclib
from base64 import b64decode
from SimpleXMLRPCServer  import SimpleXMLRPCServer,
SimpleXMLRPCRequestHandler

class SecureXMLRPCServer(SimpleXMLRPCServer):

    def __init__(self, host, port, username, password, *args, **kargs):
        self.username = username
        self.password = password
        # authenticate method is called from inner class
        class VerifyingRequestHandler(SimpleXMLRPCRequestHandler):
            # method to override
            def parse_request(request):
                if SimpleXMLRPCRequestHandler.parse_request(request):
                    # authenticate
                    if self.authenticate(request.headers):
                        return True
                    else:
                        # if authentication fails return 401
                        request.send_error(401, 'Authentication failed,
Try again.')
                return False
        # initialize
        SimpleXMLRPCServer.__init__(self, (host, port),
requestHandler=VerifyingRequestHandler, *args, **kargs)
```

```python
    def authenticate(self, headers):
        headers = headers.get('Authorization').split()
        basic, encoded = headers[0], headers[1]
        if basic != 'Basic':
            print 'Only basic authentication supported'
            return False
        secret = b64decode(encoded).split(':')
        username, password = secret[0], secret[1]
        return True if (username == self.username and password ==
self.password) else False


def run_server(host, port, username, password):
    server = SecureXMLRPCServer(host, port, username, password)
    # simple test function
    def echo(msg):
        """Reply client in  uppser case """
        reply = msg.upper()
        print "Client said: %s. So we echo that in uppercase: %s" %(msg, reply)
        return reply
    server.register_function(echo, 'echo')
    print "Running a HTTP auth enabled XMLRPC server on %s:%s..." %(host, port)
    server.serve_forever()


if __name__ == '__main__':
    parser = argparse.ArgumentParser(description='Multithreaded multicall
XMLRPC Server/Proxy')
    parser.add_argument('--host', action="store", dest="host",
default='localhost')
    parser.add_argument('--port', action="store", dest="port",
default=8000, type=int)
    parser.add_argument('--username', action="store", dest="username",
default='user')
    parser.add_argument('--password', action="store", dest="password",
default='pass')
    # parse arguments
    given_args = parser.parse_args()
    host, port =  given_args.host, given_args.port
    username, password = given_args.username, given_args.password
    run_server(host, port, username, password)
```

이 서버 스크립트를 실행한 후에 클라이언트가 접속하면 다음과 같은 결과를 볼 수 있다.

```
$ python 8_3a_xmlrpc_server_with_http_auth.py
Running a HTTP auth enabled XMLRPC server on localhost:8000...
Client said: hello server.... So we echo that in uppercase: HELLO
SERVER...
localhost - - [27/Sep/2013 12:08:57] "POST /RPC2 HTTP/1.1" 200 -
```

이제 서버가 사용하는 로그인 정보와 동일한 정보를 이용하는 간단한 클라이언트 프록시를 만들어보자.

리스트 8.3b XML-RPC 클라이언트 코드

```python
#!/usr/bin/env python
# Python Network Programming Cookbook -- Chapter - 8
# This program is optimized for Python 2.7.
# It may run on any other version with/without modifications.

import argparse
import xmlrpclib

def run_client(host, port, username, password):
    server = xmlrpclib.ServerProxy('http://%s:%s@%s:%s' %(username,
password, host, port, ))
    msg = "hello server..."
    print "Sending message to server: %s  " %msg
    print "Got reply: %s" %server.echo(msg)

if __name__ == '__main__':
    parser = argparse.ArgumentParser(description='Multithreaded multicall
XMLRPC Server/Proxy')
    parser.add_argument('--host', action="store", dest="host",
default='localhost')
    parser.add_argument('--port', action="store", dest="port",
default=8000, type=int)
    parser.add_argument('--username', action="store", dest="username",
default='user')
```

```
    parser.add_argument('--password', action="store", dest="password",
default='pass')
    # parse arguments
    given_args = parser.parse_args()
    host, port =  given_args.host, given_args.port
    username, password = given_args.username, given_args.password
    run_client(host, port, username, password)
```

이 클라이언트 스크립트를 실행하면 다음과 같은 결과를 볼 수 있다.

```
$ python 8_3b_xmprpc_client.py
Sending message to server: hello server...
Got reply: HELLO SERVER...
```

예제 분석

서버 스크립트에서는 먼저 SimpleXMLRPCServer 클래스로부터 상속한
SecureXMLRPCServer 하위 클래스를 생성했다. 이 하위 클래스의 초기화 코드에서
클라이언트의 연결 요청을 가로채는 VerifyingRequestHandler 클래스의 객체
를 생성한다. 이 객체는 authenticate() 메소드를 이용해 기본적인 인증 작업을
수행한다.

authenticate() 메소드는 HTTP 요청 헤더를 매개변수로 취한다. 이 메소드는
Authorization의 값이 존재하는지 확인한다. 만약 이 필드의 값이 Basic이면
base64 모듈에 있는 b64decode() 함수를 이용해서 인코딩된 비밀번호를 해독한
다. 사용자 이름과 비밀번호를 추출한 후에는 서버를 생성할 때 설정한 사용자 정
보와 비교한다.

run_server() 함수에서는 echo()라는 간단한 하위 함수를 정의해
SecureXMLRPCServer 객체에 등록한다.

클라이언트 측의 스크립트에 있는 run_client() 함수는 서버의 주소와 로그인
정보를 매개변수로 취해 이를 ServerProxy() 객체로 전달한다. 그런 후 echo()
메소드를 통해 한 줄의 메시지를 전송한다.

REST API를 이용한 플리커 사진 정보 수집

많은 웹사이트는 자신의 REST API를 이용한 웹 서비스 인터페이스를 제공한다. 유명한 사진 공유 웹사이트인 **플리커**Flickr도 이런 REST 인터페이스를 갖고 있다. 이 사이트에 있는 사진 정보를 모아서 특별한 데이터베이스나 다른 사진 관련 애플리케이션을 구축해보자.

예제 구현

HTTP 요청을 만들려면 REST URL이 필요하다. 복잡함을 피하기 위해 이 URL 들을 예제 스크립트에 직접 넣었다. REST 요청을 만들기 위해 외부 모듈인 requests 모듈을 설치해 이용한다. 이 모듈은 get(), post(), put(), delete() 메소드를 갖고 있어 편리하게 사용할 수 있다.

플리커 웹 서비스와 통신하려면 먼저 웹사이트에 등록해 비밀 API 키key를 얻어야 한다. 이 API 키를 local_settings.py에 넣거나 명령행에서 인자로 직접 입력할 수도 있다.

리스트 8.4 REST를 이용해 플리커로부터 사진 정보를 수집하는 스크립트

```python
#!/usr/bin/env python
# Python Network Programming Cookbook -- Chapter - 8
# This program is optimized for Python 2.7.
# It may run on any other version with/without modifications.
# Supply Flickr API key via local_settings.py

import argparse
import json
import requests

try:
    from local_settings import flickr_apikey
except ImportError:
    pass
```

```python
def collect_photo_info(api_key, tag, max_count):
    """Collects some interesting info about some photos from Flickr.com for a
given tag """
    photo_collection = []
    url  = "http://api.flickr.com/services/rest/?method=flickr.photos.search&tags
=%s&format=json&nojsoncallback=1&api_key=%s" %(tag, api_key)
    resp = requests.get(url)
    results = resp.json()
    count  = 0
    for p in results['photos']['photo']:
        if count >= max_count:
            return photo_collection
        print 'Processing photo: "%s"' % p['title']
        photo = {}
        url = "http://api.flickr.com/services/rest/?method=flickr.photos.getInfo&
photo_id=" + p['id'] + "&format=json&nojsoncallback=1&api_key=" + api_key
        info = requests.get(url).json()
        photo["flickrid"] = p['id']
        photo["title"] = info['photo']['title']['_content']
        photo["description"] = info['photo']['description']['_content']
        photo["page_url"] = info['photo']['urls']['url'][0]['_content']

        photo["farm"] = info['photo']['farm']
        photo["server"] = info['photo']['server']
        photo["secret"] = info['photo']['secret']

        # comments
        numcomments = int(info['photo']['comments']['_content'])
        if numcomments:
            #print "   Now reading comments (%d)..." % numcomments
            url = "http://api.flickr.com/services/rest/?method=flickr.photos.
comments.getList&photo_id=" + p['id'] + "&format=json&nojsoncallback=1&api_
key=" + api_key
            comments = requests.get(url).json()
            photo["comment"] = []
            for c in comments['comments']['comment']:
                comment = {}
                comment["body"] = c['_content']
                comment["authorid"] = c['author']
                comment["authorname"] = c['authorname']
```

```
                photo["comment"].append(comment)
        photo_collection.append(photo)
        count = count + 1
    return photo_collection


if __name__ == '__main__':
    parser = argparse.ArgumentParser(description='Get photo info from
Flickr')
    parser.add_argument('--api-key', action="store", dest="api_key",
default=flickr_apikey)
    parser.add_argument('--tag', action="store", dest="tag",
default='Python')
    parser.add_argument('--max-count', action="store", dest="max_count",
default=3, type=int)
    # parse arguments
    given_args = parser.parse_args()
    api_key, tag, max_count =  given_args.api_key, given_args.tag,
given_args.max_count
    photo_info = collect_photo_info(api_key, tag, max_count)
    for photo in photo_info:
        for k,v in photo.iteritems():
            if k == "title":
                print "Showiing photo info...."
            elif k == "comment":
                "\tPhoto got %s comments." %len(v)
            else:
                print "\t%s => %s" %(k,v)
```

플리커 웹사이트에서 얻은 자신의 플리커 API 키를 local_settings.py에 적어넣거
나 명령행 인자에서 --api-key 매개변수로 직접 입력해 예제 스크립트를 실행할
수 있다. API 키에 추가해 검색 태그와 검색 결과의 최대 개수를 인자로 지정할 수
있다. 예제 스크립트는 이 인자들을 지정하지 않으면 Python이라는 태그를 사용
하며, 결과의 개수를 3개로 제한한다.

```
$ python 8_4_get_flickr_photo_info.py
Processing photo: "legolas"
Processing photo: ""The Dance of the Hunger of Kaa""
Processing photo: "Rocky"
```

242

```
        description => Stimson Python

Showiing photo info....
    farm => 8
    server => 7402
    secret => 6cbae671b5
    flickrid => 10054626824
    page_url => http://www.flickr.com/photos/102763809@N03/10054626824/
    description => &quot; 'Good. Begins now the dance--the Dance of the
Hunger of Kaa. Sit still and watch.'

He turned twice or thrice in a big circle, weaving his head from right to
left.
Then he began making loops and figures of eight with his body, and soft,
oozy triangles that melted into squares and five-sided figures, and
coiled mounds, never resting, never hurrying, and never stopping his
low humming song. It grew darker and darker, till at last the dragging,
shifting coils disappeared, but they could hear the rustle of the
scales.&quot;
(From &quot;Kaa's Hunting&quot; in &quot;The Jungle Book&quot; (1893) by
Rudyard Kipling)

These old abandoned temples built around the 12th century belong to the
abandoned city which inspired Kipling's Jungle Book.
They are rising at the top of a mountain which dominates the jungle at
811 meters above sea level in the centre of the jungle of Bandhavgarh
located in the Indian state Madhya Pradesh.
Baghel King Vikramaditya Singh abandoned Bandhavgarh fort in 1617 when
Rewa, at a distance of 130 km was established as a capital.
Abandonment allowed wildlife development in this region.
When Baghel Kings became aware of it, he declared Bandhavgarh as their
hunting preserve and strictly prohibited tree cutting and wildlife
hunting...

Join the photographer at <a href="http://www.facebook.com/laurent.
goldstein.photography" rel="nofollow">www.facebook.com/laurent.goldstein.
photography</a>
```

```
Showiing photo info....
    farm => 6
    server => 5462
    secret => 6f9c0e7f83
    flickrid => 10051136944
    page_url => http://www.flickr.com/photos/designldg/10051136944/
    description => Ball Python
Showiing photo info....
    farm => 4
    server => 3744
    secret => 529840767f
    flickrid => 10046353675
    page_url =>
http://www.flickr.com/photos/megzzdollphotos/10046353675/
```

예제 분석

이 예제 스크립트는 REST API를 이용해 플리커와 통신하는 방법을 보여준다.
collect_photo_info() 함수는 플리커 API 키, 검색 태그, 원하는 결과 숫자, 이
3개를 매개변수로 취한다.

이 함수에서는 먼저 사진을 검색할 때 사용할 URL을 만든다. 이 URL을 보면 검
색 방식에 대한 매개변수는 flickr.photos.search이고, 원하는 결과의 포맷으로
JSON을 지정했음을 알 수 있다.

첫 get() 호출에 대한 결과를 resp 변수에 저장한 후 이를 resp 객체상에서
json() 메소드를 호출해 JSON 포맷으로 변환한다. 이 JSON 데이터 중에서
['photos']['photo']에 있는 데이터를 순회하면서 각 사진의 아이디 정보를 읽
는다. 이제 가져온 사진 정보를 반환할 photo_collection 리스트를 생성한다. 각

사진 정보는 딕셔너리 객체의 형태로 리스트에 저장된다. 이 딕셔너리 객체의 각 키에 대한 값은 첫 get() 호출 시 얻은 JSON 응답 데이터에서 추출한 아이디 정보와 이 정보를 바탕으로 다시 GET 요청을 실행해 얻은 그 사진 정보를 바탕으로 채워넣는다.

사진에 대한 코멘트를 얻으려면 한 번 더 get() 요청을 실행해 반환받은 JSON 데이터의 ['comments']['comment'] 요소로부터 코멘트 정보를 얻을 수 있다. 이 코멘트 정보들을 리스트에 넣은 후, 이 리스트 객체를 사진 딕셔너리 객체에 추가한다.

__main__ 함수에서는 photo_collection에 있는 딕셔너리 객체를 추출해 각 사진에 대한 몇몇 정보를 출력한다.

아마존 S3 웹 서비스로부터 SOAP 메소드 검색

SOAPSimple Object Access Procedure로 웹 서비스를 제공하는 서버와 통신해야 할 경우 이 예제를 출발점으로 해 애플리케이션을 구축할 수 있다.

준비

이 예제는 SOAPpy라는 외부 라이브러리를 사용한다. 이 라이브러리는 다음과 같이 설치할 수 있다.

```
$pip install SOAPpy
```

예제 구현

프록시 객체를 생성한 후 호출할 수 있는 서버 메소드를 검색한다.

이 예제에서는 아마존 S3 저장 서비스 서버와 통신해보자. 이 웹 서비스 API에 대한 테스트용 URL을 미리 수집했다.

리스트 8.5 아마존 S3 웹 서비스에서 사용 가능한 SOAP 메소드를 검색하는 코드

```python
#!/usr/bin/env python
# Python Network Programming Cookbook -- Chapter - 8
# This program requires Python 2.7 or any later version

import SOAPpy

TEST_URL = 'http://s3.amazonaws.com/ec2-downloads/2009-04-04.ec2.wsdl'

def list_soap_methods(url):
    proxy = SOAPpy.WSDL.Proxy(url)
    print '%d methods in WSDL:' % len(proxy.methods) + '\n'
    for key in proxy.methods.keys():
        print "Key Name: %s" %key
        print "Key Details:"
        for k,v in proxy.methods[key].__dict__.iteritems():
            print "%s ==> %s" %(k,v)
        break

if __name__ == '__main__':
    list_soap_methods(TEST_URL)
```

이 스크립트를 실행하면 WSDL_{Web Services Definition Language}을 지원하는 메소드의 총수를 출력한다. 그리고 그중 임의로 한 메소드를 골라 자세한 내용을 출력한다.

```
$ python 8_5_search_amazonaws_with_SOAP.py
/home/faruq/env/lib/python2.7/site-packages/wstools/XMLSchema.py:1280:
UserWarning: annotation is
ignored
  warnings.warn('annotation is ignored')
43 methods in WSDL:

Key Name: ReleaseAddress
Key Details:
    encodingStyle ==> None
    style ==> document
    methodName ==> ReleaseAddress
    retval ==> None
    soapAction ==> ReleaseAddress
    namespace ==> None
```

```
    use ==> literal
    location ==> https://ec2.amazonaws.com/
    inparams ==> [<wstools.WSDLTools.ParameterInfo instance at
0x8fb9d0c>]
    outheaders ==> []
    inheaders ==> []
    transport ==> http://schemas.xmlsoap.org/soap/http
    outparams ==> [<wstools.WSDLTools.ParameterInfo instance at
0x8fb9d2c>]
```

예제 분석

이 스크립트는 `list_soap_methods()`라는 메소드를 정의한다. 이 메소드는 URL을 인자로 취하며 `SOAPpy` 모듈에 있는 `WSDL.Proxy()` 메소드를 호출해 SOAP 프록시 객체를 생성한다. 이용 가능한 SOAP 메소드 목록은 이 프록시 객체의 `methods` 속성을 통해 얻을 수 있다.

프록시의 `methods` 객체의 키를 순회하면서 각 메소드의 키 정보를 얻는다. 함수 내의 `for` 반복문에서는 한 SOAP 메소드의 자세한 내용(키의 이름과 키에 대한 자세한 정보)만을 출력한다.

구글을 이용한 고급 정보 검색

우리는 날마다 어떤 정보를 얻기 위해 구글을 이용하고 있다. 구글로 정보를 검색하는 스크립트를 작성해보자.

준비

이 예제는 외부 모듈인 `requests`를 이용한다. 이 모듈을 다음과 같이 `pip`를 이용해 설치한다.

```
$ pip install requests
```

구글은 검색을 위한 정교한 API들을 제공한다. 하지만 이 API를 이용하려면 구글에 먼저 등록한 후 API를 얻기 위한 절차를 밟아야 한다. 예제를 간단하게 만들기 위해 구글이 예전부터 제공하는 **AJAX**Asynchronous JavaScript and XML API를 이용해 파이썬 관련 서적에 대한 정보를 검색해보자.

리스트 8.6 구글을 이용해 원하는 정보를 검색하는 코드

```python
#!/usr/bin/env python
# Python Network Programming Cookbook -- Chapter - 8
# This program requires Python 2.7 or any later version

import argparse
import json
import urllib
import requests

BASE_URL = 'http://ajax.googleapis.com/ajax/services/search/web?v=1.0'

def get_search_url(query):
    return "%s&%s" %(BASE_URL, query)

def search_info(tag):
    query = urllib.urlencode({'q': tag})
    url = get_search_url(query)
    response = requests.get(url)
    results = response.json()

    data = results['responseData']
    print 'Found total results: %s' % data['cursor']
['estimatedResultCount']
    hits = data['results']
    print 'Found top %d hits:' % len(hits)
    for h in hits:
        print ' ', h['url']
    print 'More results available from %s' % data['cursor']
['moreResultsUrl']
```

```
if __name__ == '__main__':
    parser = argparse.ArgumentParser(description='Search info from
Google')
    parser.add_argument('--tag', action="store", dest="tag",
default='Python books')
    # parse arguments
    given_args = parser.parse_args()
    search_info(given_args.tag)
```

예제를 실행하면서 원하는 검색어를 --tag 인자로 지정할 수 있다. 그러면 구글은
이 단어를 검색해, 검색된 결과 개수와 가장 많이 검색한 4페이지를 출력한다.

```
$ python 8_6_search_products_from_Google.py
Found total results: 12300000
Found top 4 hits:
  https://wiki.python.org/moin/PythonBooks
  http://www.amazon.com/Python-Languages-Tools-Programming-
Books/b%3Fie%3DUTF8%26node%3D285856
  http://pythonbooks.revolunet.com/
  http://readwrite.com/2011/03/25/python-is-an-increasingly-popu
More results available from
http://www.google.com/search?oe=utf8&ie=utf8&source=uds&start=0&hl=en
&q=Python+books
```

예제 분석

이 예제에서는 get_search_url()이라는 짧은 함수를 정의했다. 이 함수는 BASE_
URL 상수와 질의어를 이용해 검색 URL을 생성한다.

실제 검색 함수인 search_info() 함수는 검색어를 인자로 취한 후 먼저 질의문을
생성한다. requests 라이브러리에 있는 get() 함수를 호출해 검색 결과를 얻는다.
이 결과를 다시 JSON 포맷으로 변환한다.

이 JSON 데이터의 'responseData' 키 값에 접근해 검색 결과를 추출한다. 추출한
검색 결과에 대해 적절한 키를 이용해 총 검색 결과 개수와 제일 많이 방문한 4개
의 링크를 화면에 출력한다.

아마존의 상품 검색 API를 이용한 서적 검색

아마존에서 제품을 검색해 웹사이트나 애플리케이션에 그 제품을 포함시키고 싶다면 이번 예제는 도움이 될 수 있다. 이 예제에서는 아마존에서 책을 검색하는 방법을 설명한다.

준비

이 예제는 bottlenose라는 외부 라이브러리를 필요로 한다. pip를 이용해 다음과 같이 이 라이브러리를 설치한다.

```
$ pip install bottlenose
```

아마존 계정의 접근 키access key, 비밀 키secret key, 아이디affiliate ID를 local_settings.py에 입력해야 한다. 책의 예제 코드에 간단한 설정 파일을 넣어뒀으므로 그 스크립트에 그 정보를 수정하면 된다.

예제 구현

bottlenose 라이브러리를 이용해 아마존의 상품 검색 API를 이용할 수 있다.

리스트 8.7 아마존의 상품 검색 API를 이용해 서적을 검색하는 코드

```python
#!/usr/bin/env python
# Python Network Programming Cookbook -- Chapter - 8
# This program requires Python 2.7 or any later version

import argparse
import bottlenose
from xml.dom import minidom as xml

try:
    from local_settings import amazon_account
except ImportError:
    pass
```

```python
ACCESS_KEY = amazon_account['access_key']
SECRET_KEY = amazon_account['secret_key']
AFFILIATE_ID = amazon_account['affiliate_id']

def search_for_books(tag, index):
    """Search Amazon for Books """
    amazon = bottlenose.Amazon(ACCESS_KEY, SECRET_KEY, AFFILIATE_ID)
    results = amazon.ItemSearch(
                SearchIndex = index,
                Sort = "relevancerank",
                Keywords = tag
                )
    parsed_result = xml.parseString(results)

    all_items = []
    attrs = ['Title','Author', 'URL']

    for item in parsed_result.getElementsByTagName('Item'):
        parse_item = {}

        for attr in attrs:
            parse_item[attr] = ""
            try:
                parse_item[attr] = item.getElementsByTagName(attr)[0].
childNodes[0].data
            except:
                pass
        all_items.append(parse_item)
    return all_items

if __name__ == '__main__':
    parser = argparse.ArgumentParser(description='Search info from Amazon')
    parser.add_argument('--tag', action="store", dest="tag", default='Python')
    parser.add_argument('--index', action="store", dest="index", default='Books')
    # parse arguments
    given_args = parser.parse_args()
    books = search_for_books(given_args.tag, given_args.index)

    for book in books:
```

```
for k,v in book.iteritems():
    print "%s: %s" %(k,v)
print "-" * 80
```

위 스크립트를 검색어와 인덱스를 인자로 하여 실행하면 다음과 비슷한 결과를 볼 수 있다.

```
$ python 8_7_search_amazon_for_books.py --tag=Python --index=Books
URL: http://www.amazon.com/Python-In-Day-Basics-Coding/dp/tech-data/1
490475575%3FSubscriptionId%3DAKIAIPPW3IK76PBRLWBA%26tag%3D7052-6929-
7878%26linkCode%3Dxm2%26camp%3D2025%26creative%3D386001%26creative-
ASIN%3D1490475575


Author: Richard Wagstaff


Title: Python In A Day: Learn The Basics, Learn It Quick, Start Coding
Fast (In A Day Books) (Volume 1)
-----------------------------------------------------------------------
-------
URL: http://www.amazon.com/Learning-Python-Mark-Lutz/dp/tech-data/1449355
730%3FSubscriptionId%3DAKIAIPPW3IK76PBRLWBA%26tag%3D7052-6929-7878%26link
Code%3Dxm2%26camp%3D2025%26creative%3D386001%26creativeASIN%3D1449355730


Author: Mark Lutz


Title: Learning Python
-----------------------------------------------------------------------
-------
URL: http://www.amazon.com/Python-Programming-Introduction-Computer-
Science/dp/tech-data/1590282418%3FSubscriptionId%3DAKIAIPPW3IK76PBRLWBA%2
6tag%3D7052-6929-7878%26linkCode%3Dxm2%26camp%3D2025%26creative%3D386001%
26creativeASIN%3D1590282418


Author: John Zelle


Title: Python Programming: An Introduction to Computer Science 2nd
Edition
-----------------------------------------------------------------------
-----------
```

이 예제는 아마존의 상품 검색 API를 사용하기 위해 `bottlenose` 라이브러리에 있는 `Amazon` 클래스의 객체를 생성한다. 이 작업은 최상위 함수인 `search_for_books()` 함수에서 수행한다. 이 객체의 `ItemSearch()` 메소드를 `SearchIndex`와 `Keywords`라는 키를 인자로 넘겨 호출한다. 이때 `relevancerank` 방식(적합성 순위 방식)을 기준으로 검색 결과를 정렬한다.

검색 결과는 `xml.dom` 모듈의 `minidom` 클래스를 이용해 처리된다. 이 클래스는 `parseString()`이라는 유용한 메소드를 갖고 있다. 이 메소드는 XML 데이터를 파싱해 트리 구조의 문서 객체를 반환한다. 이 객체의 `getElementsByTagName()` 메소드는 각 항목의 정보를 찾는 데 사용된다. 이 항목상에서 필요한 속성들(`Title`, `Author`, `URL`)에 대한 값을 검색해 딕셔너리 객체에 넣는다. 이 딕셔너리 객체를 `all_items` 객체에 모두 추가한 후 반환한다.

9

네트워크 감시와 보안

9장에서 다루는 내용은 다음과 같다.

- 자기 네트워크의 패킷 스니핑

- pcap 포맷으로 패킷 저장

- HTTP 패킷 헤더에 별도의 내용 추가

- 외부 호스트의 포트 스캐닝

- 패킷의 IP 주소 조작

- 저장한 pcap 파일로부터 패킷 데이터를 읽은 후 전송

- 브로드캐스트 패킷 탐지

소개

9장에서는 네트워크 보안, 감시와 취약점 스캐닝에 관련된 흥미로운 프로그램을 살펴본다. 먼저 pcap 라이브러리를 이용해 네트워크상의 패킷을 스니핑sniffing해본다. 그런 후 scapy를 사용해본다. 이 라이브러리는 여러 종류의 작업에 사용할 수 있는 스위스 만능 칼 같은 역할을 한다. pcap 포맷으로 패킷을 저장한다거나, 패킷의 헤더에 내용을 추가한다거나, 패킷의 IP 주소를 변경하는 등 scapy를 이용해 패킷 분석에 필요한 여러 작업을 처리할 수 있다.

저장한 pcap 파일로부터 패킷을 전송한다거나 브로드캐스트 패킷를 스캐닝하는 작업 같은 네트워크 침입 탐지에 관한 고급 기술도 9장에서 소개한다.

자기 네트워크의 패킷 스니핑

자신이 속한 네트워크상의 패킷을 엿보는 데 관심이 있다면 이번 예제를 출발점으로 삼을 수 있다. 대부분의 최신 네트워크 스위치는 여러분의 컴퓨터로 지정된 패킷만을 여러분의 기기로 전달하기 때문에, 현재로서는 대상이 여러분의 컴퓨터인 패킷만을 가로챌 수 있다.

준비

이 예제를 동작시키려면 pylibpcap 라이브러리(버전 0.6.4 이상)를 설치해야 한다. 이 라이브러리는 소스포지SourceForge(http://sourceforge.net/projects/pylibpcap/)에서 내려받을 수 있다.

construct라는 라이브러리도 필요하다. 이 라이브러리는 pip나 easy_install 명령을 이용해 PyPI로부터 설치할 수 있다.

```
$ easy_install construct
```

패킷 스니핑을 위해 예제 스크립트의 명령행 인자로 네트워크 인터페이스 이름과
TCP 포트 번호를 지정할 수 있다.

리스트 9.1 네트워크상의 패킷을 스니핑하는 코드

```python
#!/usr/bin/env python
# Python Network Programming Cookbook -- Chapter - 9
# This program is optimized for Python 2.6.
# It may run on any other version with/without modifications.

import argparse
import pcap
from construct.protocols.ipstack import ip_stack

def print_packet(pktlen, data, timestamp):
    """ Callback for priniting the packet payload"""
    if not data:
        return

    stack = ip_stack.parse(data)
    payload = stack.next.next.next
    print payload

def main():
    # setup commandline arguments
    parser = argparse.ArgumentParser(description='Packet Sniffer')
    parser.add_argument('--iface', action="store", dest="iface",
default='eth0')
    parser.add_argument('--port', action="store", dest="port", default=80,
type=int)
    # parse arguments
    given_args = parser.parse_args()
    iface, port =  given_args.iface, given_args.port
    # start sniffing
    pc = pcap.pcapObject()
    pc.open_live(iface, 1600, 0, 100)
    pc.setfilter('dst port %d' %port, 0, 0)
```

```
    print 'Press CTRL+C to end capture'
    try:
        while True:
            pc.dispatch(1, print_packet)
    except KeyboardInterrupt:
        print 'Packet statistics: %d packets received, %d packets dropped,
%d packets dropped by the interface' % pc.stats()


if __name__ == '__main__':
    main()
```

이 예제를 --iface=eth0과 --port=80이라는 명령행 인자와 함께 실행하면 이 스크립트는 웹 브라우저로부터 HTTP 패킷을 가로챈다. 그러므로 이 스크립트를 실행한 다음 http://www.google.com을 브라우저로 방문하면 다음과 비슷한 패킷의 내용을 볼 수 있다.

```
$ python 9_1_packet_sniffer.py --iface=eth0 --port=80
Press CTRL+C to end capture
' '
0000   47 45 54 20 2f 20 48 54 54 50 2f 31 2e 31 0d 0a    GET / HTTP/1.1..
0010   48 6f 73 74 3a 20 77 77 77 2e 67 6f 6f 67 6c 65    Host: www.google
0020   2e 63 6f 6d 0d 0a 43 6f 6e 6e 65 63 74 69 6f 6e    .com..Connection
0030   3a 20 6b 65 65 70 2d 61 6c 69 76 65 0d 0a 41 63    : keep-alive..Ac
0040   63 65 70 74 3a 20 74 65 78 74 2f 68 74 6d 6c 2c    cept: text/html,
0050   61 70 70 6c 69 63 61 74 69 6f 6e 2f 78 68 74 6d    application/xhtm
0060   6c 2b 78 6d 6c 2c 61 70 70 6c 69 63 61 74 69 6f    l+xml,applicatio
0070   6e 2f 78 6d 6c 3b 71 3d 30 2e 39 2c 2a 2f 2a 3b    n/xml;q=0.9,*/*;
0080   71 3d 30 2e 38 0d 0a 55 73 65 72 2d 41 67 65 6e    q=0.8..User-Agen
0090   74 3a 20 4d 6f 7a 69 6c 6c 61 2f 35 2e 30 20 28    t: Mozilla/5.0 (
00A0   58 31 31 3b 20 4c 69 6e 75 78 20 69 36 38 36 29    X11; Linux i686)
00B0   20 41 70 70 6c 65 57 65 62 4b 69 74 2f 35 33 37     AppleWebKit/537
00C0   2e 33 31 20 28 4b 48 54 4d 4c 2c 20 6c 69 6b 65    .31 (KHTML, like
00D0   20 47 65 63 6b 6f 29 20 43 68 72 6f 6d 65 2f 32     Gecko) Chrome/2
00E0   36 2e 30 2e 31 34 31 30 2e 34 33 20 53 61 66 61    6.0.1410.43 Safa
00F0   72 69 2f 35 33 37 2e 33 31 0d 0a 58 2d 43 68 72    ri/537.31..X-Chr
0100   6f 6d 65 2d 56 61 72 69 61 74 69 6f 6e 73 3a 20    ome-Variations:
0110   43 50 71 31 79 51 45 49 6b 62 62 4a 41 51 69 59    CPq1yQEIkbbJAQiY
0120   74 73 6b 42 43 4b 4f 32 79 51 45 49 70 37 62 4a    tskBCKO2yQEIp7bJ
0130   41 51 69 70 74 73 6b 42 43 4c 65 32 79 51 45 49    AQiptskBCLe2yQEI
```

258

```
0140    2b 6f 50 4b 41 51 3d 3d 0d 0a 44 4e 54 3a 20 31    +oPKAQ==..DNT: 1
0150    0d 0a 41 63 63 65 70 74 2d 45 6e 63 6f 64 69 6e    ..Accept-Encodin
0160    67 3a 20 67 7a 69 70 2c 64 65 66 6c 61 74 65 2c    g: gzip,deflate,
0170    73 64 63 68 0d 0a 41 63 63 65 70 74 2d 4c 61 6e    sdch..Accept-Lan
0180    67 75 61 67 65 3a 20 65 6e 2d 47 42 2c 65 6e 2d    guage: en-GB,en-
0190    55 53 3b 71 3d 30 2e 38 2c 65 6e 3b 71 3d 30 2e    US;q=0.8,en;q=0.
01A0    36 0d 0a 41 63 63 65 70 74 2d 43 68 61 72 73 65    6..Accept-Charse
01B0    74 3a 20 49 53 4f 2d 38 38 35 39 2d 31 2c 75 74    t: ISO-8859-1,ut
01C0    66 2d 38 3b 71 3d 30 2e 37 2c 2a 3b 71 3d 30 2e    f-8;q=0.7,*;q=0.
01D0    33 0d 0a 43 6f 6f 6b 69 65 3a 20 50 52 45 46 3d    3..Cookie: PREF=
....

^CPacket statistics: 17 packets received, 0 packets dropped, 0
packets dropped by the interface
```

이 예제는 패킷 스니퍼 객체를 생성하기 위해 pcap 라이브러리에 있는 pcapObject 클래스에 의존한다. main() 메소드에서 이 클래스의 객체를 생성한 후 setfilter()를 이용해 오직 HTTP 패킷만을 대상으로 하도록 필터를 설정한다. 마지막으로, dispatch() 메소드를 호출해 패킷 스니핑 작업을 시작한다. 획득한 패킷은 print_jacket() 함수가 처리한다.

print_packet() 함수에서는 construct 라이브러리의 ip_stack.parse() 메소드를 이용해 패킷 데이터 중의 실제 데이터 부분을 추출한다. 이 라이브러리는 패킷 데이터를 처리할 때 유용하게 쓸 수 있다.

pcap 포맷으로 패킷 저장

pcap은 패킷 획득을 뜻하는 'packet capture'의 줄임말로 네트워크 패킷 데이터를 저장할 때 주로 사용하는 파일 포맷이다. pcap 포맷에 대한 자세한 정보는 http://wiki.wireshark.org/Development/LibcapFileFormat에서 찾을 수 있다.

네트워크 패킷을 얻은 후 이를 파일로 저장해 나중에 어떤 처리를 하는 프로그램이 필요하다면 이번 예제를 이용할 수 있다.

예제 구현

이 예제에서는 scapy 라이브러리를 사용해 패킷을 획득한 후 이를 파일에 저장한다. scapy 라이브러리의 모든 함수와 정의를 와일드 카드wild card 문자를 이용해 임포트할 수 있다.

```
from scapy.all import *
```

이런 식의 코드는 예를 보여주기 위한 프로그램에서나 사용하지 실제 제품 코드에서는 사용하지 않는 게 좋다.

scapy의 sniff() 함수는 콜백 함수의 이름을 인자로 취한다. 패킷의 내용을 파일에 저장하는 콜백 함수를 작성해보자.

리스트 9.2 패킷 덤프(packet dump) 기능을 이용해 패킷을 pcap 포맷으로 저장하는 코드

```
#!/usr/bin/env python
# Python Network Programming Cookbook -- Chapter - 9
# This program is optimized for Python 2.7.
# It may run on any other version with/without modifications.

import os
from scapy.all import *

pkts = []
count = 0
pcapnum = 0

def write_cap(x):
    global pkts
    global count
    global pcapnum
    pkts.append(x)
    count += 1
```

```
        if count == 3:
            pcapnum += 1
            pname = "pcap%d.pcap" % pcapnum
            wrpcap(pname, pkts)
            pkts = []
            count = 0


def test_dump_file():
    print "Testing the dump file..."
    dump_file = "./pcap1.pcap"
    if os.path.exists(dump_file):
        print "dump fie %s found." %dump_file
        pkts = sniff(offline=dump_file)
        count = 0
        while (count <=2):
            print "----Dumping pkt:%s----" %count
            print hexdump(pkts[count])
            count += 1
    else:
        print "dump fie %s not found." %dump_file


if __name__ == '__main__':
    print "Started packet capturing and dumping... Press CTRL+C to exit"
    sniff(prn=write_cap)
    test_dump_file()
```

이 예제를 실행하면 다음과 비슷한 결과를 볼 수 있다.

```
# python 9_2_save_packets_in_pcap_format.py
^CStarted packet capturing and dumping... Press CTRL+C to exit
Testing the dump file...
dump fie ./pcap1.pcap found.
----Dumping pkt:0----
0000   08 00 27 95 0D 1A 52 54 00 12 35 02 08 00 45 00   ..'...
RT..5...E.
0010   00 DB E2 6D 00 00 40 06 7C 9E 6C A0 A2 62 0A 00
...m..@.|.l..b..
0020   02 0F 00 50 99 55 97 98 2C 84 CE 45 9B 6C 50 18
...P.U..,..E.lP.
```

```
0030    FF FF 53 E0 00 00 48 54 54 50 2F 31 2E 31 20 32    ..S...HTTP/1.1 2
0040    30 30 20 4F 4B 0D 0A 58 2D 44 42 2D 54 69 6D 65    00 OK..X-DB-Time
0050    6F 75 74 3A 20 31 32 30 0D 0A 50 72 61 67 6D 61    out: 120..Pragma
0060    3A 20 6E 6F 2D 63 61 63 68 65 0D 0A 43 61 63 68    : no-cache..Cach
0070    65 2D 43 6F 6E 74 72 6F 6C 3A 20 6E 6F 2D 63 61    e-Control: no-ca
0080    63 68 65 0D 0A 43 6F 6E 74 65 6E 74 2D 54 79 70    che..Content-Typ
0090    65 3A 20 74 65 78 74 2F 70 6C 61 69 6E 0D 0A 44    e: text/plain..D
00a0    61 74 65 3A 20 53 75 6E 2C 20 31 35 20 53 65 70    ate: Sun, 15 Sep
00b0    20 32 30 31 33 20 31 35 3A 32 32 3A 33 36 20 47     2013 15:22:36 G
00c0    4D 54 0D 0A 43 6F 6E 74 65 6E 74 2D 4C 65 6E 67    MT..Content-Leng
00d0    74 68 3A 20 31 35 0D 0A 0D 0A 7B 22 72 65 74 22    th: 15....{"ret"
00e0    3A 20 22 70 75 6E 74 22 7D                         : "punt"}
None
----Dumping pkt:1----
0000    52 54 00 12 35 02 08 00 27 95 0D 1A 08 00 45 00    RT..5...'.....E.
0010    01 D2 1F 25 40 00 40 06 FE EF 0A 00 02 0F 6C A0    ...%@.@.......l.
0020    A2 62 99 55 00 50 CE 45 9B 6C 97 98 2D 37 50 18    .b.U.P.E.l..-7P.
0030    F9 28 1C D6 00 00 47 45 54 20 2F 73 75 62 73 63    .(....GET /subsc
0040    72 69 62 65 3F 68 6F 73 74 5F 69 6E 74 3D 35 31    ribe?host_int=51
0050    30 35 36 34 37 34 36 26 6E 73 5F 6D 61 70 3D 31    0564746&ns_map=1
0060    36 30 36 39 36 39 39 34 5F 33 30 30 38 30 38 34    60696994_3008084
0070    30 37 37 31 34 2C 31 30 31 39 34 36 31 31 5F 31    07714,10194611_1
```

262

```
0080    31 30 35 33 30 39 38 34 33 38 32 30 32 31 31 2C    105309843820211,
0090    31 34 36 34 32 38 30 35 32 5F 33 32 39 34 33 38    146428052_329438
00a0    36 33 34 34 30 38 34 2C 31 31 36 30 31 35 33 31    6344084,11601531
00b0    5F 32 37 39 31 38 34 34 37 35 37 37 31 2C 31 30    _279184475771,10
00c0    31 39 34 38 32 38 5F 33 30 30 37 34 39 36 35 39    194828_300749659
00d0    30 30 2C 33 33 30 39 39 31 39 38 32 5F 38 31 39    00,330991982_819
00e0    33 35 33 37 30 36 30 36 2C 31 36 33 32 37 38 35    35370606,1632785
00f0    35 5F 31 32 39 30 31 32 32 39 37 34 33 26 75 73    5_12901229743&us
0100    65 72 5F 69 64 3D 36 35 32 30 33 37 32 26 6E 69    er_id=6520372&ni
0110    64 3D 32 26 74 73 3D 31 33 37 39 32 35 38 35 36    d=2&ts=137925856
0120    31 20 48 54 54 50 2F 31 2E 31 0D 0A 48 6F 73 74    1 HTTP/1.1..Host
0130    3A 20 6E 6F 74 69 66 79 33 2E 64 72 6F 70 62 6F    : notify3.dropbo
0140    78 2E 63 6F 6D 0D 0A 41 63 63 65 70 74 2D 45 6E    x.com..Accept-En
0150    63 6F 64 69 6E 67 3A 20 69 64 65 6E 74 69 74 79    coding: identity
0160    0D 0A 43 6F 6E 6E 65 63 74 69 6F 6E 3A 20 6B 65    ..Connection: ke
0170    65 70 2D 61 6C 69 76 65 0D 0A 58 2D 44 72 6F 70    ep-alive..XDrop
0180    62 6F 78 2D 4C 6F 63 61 6C 65 3A 20 65 6E 5F 55    box-Locale: en_U
0190    53 0D 0A 55 73 65 72 2D 41 67 65 6E 74 3A 20 44    S..User-Agent: D
01a0    72 6F 70 62 6F 78 44 65 73 6B 74 6F 70 43 6C 69    ropboxDesktopCli
01b0    65 6E 74 2F 32 2E 30 2E 32 32 20 28 4C 69 6E 75    ent/2.0.22 (Linu
```

```
01c0    78 3B 20 32 2E 36 2E 33 32 2D 35 2D 36 38 36 3B    x; 2.6.32-5-
686;
01d0    20 69 33 32 3B 20 65 6E 5F 55 53 29 0D 0A 0D 0A    i32; en_
US)....
None
----Dumping pkt:2----
0000    08 00 27 95 0D 1A 52 54 00 12 35 02 08 00 45 00    ..'...
RT..5...E.
0010    00 28 E2 6E 00 00 40 06 7D 50 6C A0 A2 62 0A 00    .(.n..@.}
Pl..b..
0020    02 0F 00 50 99 55 97 98 2D 37 CE 45 9D 16 50 10    ...P.U..-
7.E..P.
0030    FF FF CA F1 00 00 00 00 00 00 00 00    ...........
None
```

예제 분석

이 예제는 scapy 라이브러리에 있는 sniff()와 wrpcap() 함수를 이용해 모든 패킷을 캡처한 다음 이를 한 파일에 저장한다. sniff() 함수로 패킷을 캡처한 후에, write_cap() 함수가 그 패킷을 인자로 호출된다. 이 함수는 연속적인 패킷을 처리하기 위해 몇 가지 전역 변수를 사용한다. 예를 들어 각 패킷은 pkts[] 리스트에 저장되며 패킷 개수를 처리하기 위해 count와 pcapnum이라는 변수를 이용한다. count의 값이 3이 되면 pkts 리스트의 내용을 pcap1.pcap이라는 파일에 저장한다. 그런 후 count 변수의 값을 리셋해 새로운 3개의 패킷을 캡처하는 작업을 계속 진행한다. 그런 후 다시 이를 pcap2.pcap 파일에 저장하고 계속 작업을 이어간다.

test_dump_file() 함수에서는 pcap1.pcap라는 첫 번째 저장 파일이 이미 현재 디렉토리에 존재한다고 가정한다. 이제 sniff() 함수를 호출할 때 offline이라는 매개변수를 지정해 패킷을 네트워크 대신에 파일로부터 캡처하게 한다. 예제 스크립트에서는 이 패킷을 hexdump() 함수를 이용해 차례로 디코딩한다. 그런 후 이 패킷의 내용을 화면에 출력한다.

HTTP 패킷 헤더에 별도의 내용 추가

때때로 추가적인 정보를 제공하기 위해 HTTP 패킷의 헤더에 별도의 내용을 넣도록 조작하고 싶을 때가 있다. 예를 들어 캡처한 패킷의 코드에 Authorization 필드를 헤더에 삽입해 HTTP 인증을 구현할 수 있다.

예제 구현

scapy의 sniff() 함수를 이용해 패킷을 캡처한 후 modify_packet_header()라는 콜백 함수에서 패킷의 헤더에 추가적인 필드를 삽입해보자.

리스트 9.3 HTTP 패킷 헤더에 추가적인 필드를 삽입하는 코드

```python
#!/usr/bin/env python
# Python Network Programming Cookbook -- Chapter - 9
# This program is optimized for Python 2.7.
# It may run on any other version with/without modifications.

from scapy.all import *

def modify_packet_header(pkt):
    """ Parse the header and add an extra header"""
    if pkt.haslayer(TCP) and pkt.getlayer(TCP).dport == 80 and
pkt.haslayer(Raw):
        hdr = pkt[TCP].payload.__dict__
        extra_item = {'Extra Header' : ' extra value'}
        hdr.update(extra_item)
        send_hdr = '\r\n'.join(hdr)
        pkt[TCP].payload = send_hdr

        pkt.show()

        del pkt[IP].chksum
        send(pkt)

if __name__ == '__main__':
    # start sniffing
    sniff(filter="tcp and ( port 80 )", prn=modify_packet_header)
```

이 예제를 실행하면 캡처 후 변경한 패킷을 출력한 후 이를 전송한다. 이 내용을 tcpdump나 wireshark 같은 패킷 캡처 도구를 이용해 검증할 수 있다.

```
$ python 9_3_add_extra_http_header_in_sniffed_packet.py

###[ Ethernet ]###
  dst        = 52:54:00:12:35:02
  src        = 08:00:27:95:0d:1a
  type       = 0x800
###[ IP ]###
     version    = 4L
     ihl        = 5L
     tos        = 0x0
     len        = 525
     id         = 13419
     flags      = DF
     frag       = 0L
     ttl        = 64
     proto      = tcp
     chksum     = 0x171
     src        = 10.0.2.15
     dst        = 82.94.164.162
     \options   \
###[ TCP ]###
        sport      = 49273
        dport      = www
        seq        = 107715690
        ack        = 216121024
        dataofs    = 5L
        reserved   = 0L
        flags      = PA
        window     = 6432
        chksum     = 0x50f
        urgptr     = 0
        options    = []
###[ Raw ]###
           load       = 'Extra Header\r\nsent_time\r\nfields\r\
naliastypes\r\npost_transforms\r\nunderlayer\r\nfieldtype\r\ntime\r\
ninitialized\r\noverloaded_fields\r\npacketfields\r\npayload\r\ndefault_
fields'
.
Sent 1 packets.
```

266

먼저 scapy의 sniff() 함수를 이용해 패킷 스니핑을 시작한다. 이때 modify_packet_header() 함수를 콜백 함수로 지정해 캡처한 각 패킷을 처리하게 한다. 이 함수에서는 TCP 패킷이면서 이 TCP 패킷의 대상 포트가 80번 포트(HTTP)이고 데이터 부분을 갖고 있다면(즉 HTTP 헤더를 갖고 있다면) 이를 변경한다. 그러므로 필요한 HTTP 패킷 헤더는 현재 패킷의 데이터 부분(페이로드payload)에서 추출한다.

이제 기존의 헤더 정보를 갖고 있는 딕셔너리 객체에 새로운 필드를 추가한다. 그런 후 이 패킷의 내용을 show() 메소드를 이용해 화면에 출력한 다음, 이 패킷이 올바른지 점검하는 코드를 우회하기 위해 패킷의 체크섬 데이터를 패킷에서 제거한 후 네트워크를 통해 패킷을 전송한다.

외부 호스트의 포트 스캐닝

외부 호스트의 특정 포트를 통해 연결하려고 시도하다 보면 '연결이 거부됐습니다Connection is refused' 같은 메시지를 접할 때가 가끔 있다. 이는 아마도 외부 호스트의 서버가 다운됐기 때문일 것이다. 이럴 때 먼저 그 호스트의 특정 포트가 열려 있는지 혹은 대기 상태에 있는지 확인할 수 있다. 또한 여러 포트를 스캔해 어떤 서비스가 열려 있는지 확인할 수 있다.

파이썬의 표준 소켓 라이브러리를 이용해 포트 스캐닝을 할 수 있다. 예제 스크립트는 3개의 명령행 인자인 대상 호스트 주소, 시작 포트 번호, 종료 포트 번호를 취한다.

```python
#!/usr/bin/env python
# Python Network Programming Cookbook -- Chapter - 9
# This program is optimized for Python 2.7.
# It may run on any other version with/without modifications.


import argparse
import socket
import sys

def scan_ports(host, start_port, end_port):
    """ Scan remote hosts """
    #Create socket
    try:
        sock = socket.socket(socket.AF_INET,socket.SOCK_STREAM)
    except socket.error,err_msg:
        print 'Socket creation failed. Error code: '+ str(err_msg[0]) +
' Error mesage: ' + err_msg[1]
        sys.exit()

    #Get IP of remote host
    try:
        remote_ip = socket.gethostbyname(host)
    except socket.error,error_msg:
        print error_msg
        sys.exit()

    #Scan ports
    end_port += 1
    for port in range(start_port,end_port):
        try:
            sock.connect((remote_ip,port))
            print 'Port ' + str(port) + ' is open'
            sock.close()
            sock = socket.socket(socket.AF_INET,socket.SOCK_STREAM)
        except socket.error:
            pass # skip various socket errors

if __name__ == '__main__':
    # setup commandline arguments
```

```
    parser = argparse.ArgumentParser(description='Remote Port Scanner')
    parser.add_argument('--host', action="store", dest="host",
default='localhost')
    parser.add_argument('--start-port', action="store",
dest="start_port", default=1, type=int)
    parser.add_argument('--end-port', action="store", dest="end_port",
default=100, type=int)
    # parse arguments
    given_args = parser.parse_args()
    host, start_port, end_port =  given_args.host, given_args.start_port,
given_args.end_port
    scan_ports(host, start_port, end_port)
```

이 예제를 실행해 자기 컴퓨터의 1번 포트부터 100번 포트 사이를 스캐닝하여 어떤 포트가 열려 있는지 확인한다.

```
# python 9_4_scan_port_of_a_remote_host.py --host=localhost --start-port=
1 --end-port=100
Port 21 is open
Port 22 is open
Port 23 is open
Port 25 is open
Port 80 is open
```

예제 분석

이 예제 스크립트는 파이썬의 표준 소켓 라이브러리를 이용해 특정 호스트에 어떤 포트가 열려 있는지 스캔하는 방법을 보여준다. scan_port() 함수는 호스트 이름, 시작 포트 번호, 종료 포트 번호를 인자로 취한다. 그런 후 이 함수는 3단계를 거쳐 전체 포트 범위를 탐색한다.

먼저 socket() 함수를 이용해 TCP 소켓을 생성한다.

소켓을 성공적으로 생성했으면 gethostbyname() 함수를 이용해 외부 호스트의 IP 주소 정보를 얻는다.

대상 호스트의 IP 주소를 찾으면 connect() 함수를 이용해 그 주소로 연결을 시도한다. 만약 연결에 성공하면 이는 그 포트가 열려 있음을 의미한다. 그러면 이제 close() 함수로 이 소켓을 닫은 후 다음 포트에 대해 동일한 과정을 반복한다.

패킷의 IP 주소 조작

네트워크 패킷을 생성해 송신 IP 주소나 수신 IP 주소, 혹은 포트 번호를 조작하고 싶다면 이번 예제는 출발점 역할을 할 수 있다.

예제 구현

이 예제 스크립트는 네트워크 인터페이스 이름, 프로토콜 이름, 송신 IP 주소, 송신 포트 번호, 수신 IP 주소, 수신 포트 번호, 기타 TCP 옵션 등을 모두 명령행 인자로 유용하게 취할 수 있다.

scapy 라이브러리를 이용해 TCP나 UDP 패킷을 조작한 후 이를 네트워크를 통해 전송한다.

리스트 9.5 패킷의 IP 주소를 조작하는 코드

```python
#!/usr/bin/env python
# Python Network Programming Cookbook -- Chapter - 9
# This program is optimized for Python 2.7.
# It may run on any other version with/without modifications.

import argparse
import sys
import re
from random import randint

from scapy.all import IP,TCP,UDP,conf,send
```

```python
def send_packet(protocol=None, src_ip=None, src_port=None, flags=None,
dst_ip=None, dst_port=None, iface=None):
    """Modify and send an IP packet."""
    if protocol == 'tcp':
        packet = IP(src=src_ip, dst=dst_ip)/TCP(flags=flags, sport=src_port,
dport=dst_port)
    elif protocol == 'udp':
        if flags: raise Exception(" Flags are not supported for udp")
        packet = IP(src=src_ip, dst=dst_ip)/UDP(sport=src_port, dport=dst_port)
    else:
        raise Exception("Unknown protocol %s" % protocol)

    send(packet, iface=iface)


if __name__ == '__main__':
    # setup commandline arguments
    parser = argparse.ArgumentParser(description='Packet Modifier')
    parser.add_argument('--iface', action="store", dest="iface",
default='eth0')
    parser.add_argument('--protocol', action="store", dest="protocol",
default='tcp')
    parser.add_argument('--src-ip', action="store", dest="src_ip",
default='1.1.1.1')
    parser.add_argument('--src-port', action="store", dest="src_port",
default=randint(0, 65535))
    parser.add_argument('--dst-ip', action="store", dest="dst_ip",
default='192.168.1.51')
    parser.add_argument('--dst-port', action="store", dest="dst_port",
default=randint(0, 65535))
    parser.add_argument('--flags', action="store", dest="flags", default=None)
    # parse arguments
    given_args = parser.parse_args()
    iface, protocol, src_ip,  src_port, dst_ip, dst_port, flags = \
given_args.iface, given_args.protocol, given_args.src_ip, given_args.src_port, \
given_args.dst_ip, given_args.dst_port, given_args.flags
    send_packet(protocol, src_ip, src_port, flags, dst_ip, dst_port, iface)
```

이 스크립트를 실행하려면 다음과 같이 명령을 입력한다.

```
$ tcpdump src 192.168.1.66
tcpdump: verbose output suppressed, use -v or -vv for full protocol
decode
listening on eth0, link-type EN10MB (Ethernet), capture size 65535 bytes
^C18:37:34.309992 IP 192.168.1.66.60698 > 192.168.1.51.666: Flags [S],
seq 0, win 8192, length 0

1 packets captured
1 packets received by filter
0 packets dropped by kernel

$ sudo python 9_5_modify_ip_in_a_packet.py
WARNING: No route found for IPv6 destination :: (no default route?)

Sent 1 packets.
```

예제 분석

이 스크립트는 scapy를 이용해 IP 패킷을 생성하는 send_packet() 함수를 정의한다. 이 함수는 발신 주소, 송신 주소, 포트 정보 등을 인자로 취한다. 이 함수는 먼저 지정한 프로토콜(TCP 또는 UDP)에 따라 그에 맞는 패킷을 생성한다. 패킷이 TCP 프로토콜을 사용하는 경우에는 TCP 관련 옵션을 나타내는 flags 매개변수를 사용한다. UDP 프로토콜을 사용할 때 flags 값이 존재하면 예외를 발생시킨다.

TCP 패킷을 생성하기 위해 scapy의 IP()/TCP() 함수를 이용한다. 마찬가지로 UDP 패킷을 생성할 때는 IP()/UDP() 함수를 이용한다.

끝으로 조작한 패킷을 send() 함수를 이용해 전송한다.

저장한 pcap 파일로부터 패킷 데이터를 읽은 후 전송

네트워크 패킷을 다루다 보면 어떤 경우에는 pcap 포맷으로 저장된 파일에 있는 패킷 데이터를 읽은 후 전송해야 할 때가 있다. 이번 예제에서는 pcap 파일로부터 데이터를 읽은 후 송신 IP나 수신 IP 주소를 변경해 전송해보자.

예제 구현

scapy를 이용해 이미 저장했던 pcap 파일을 읽는다. 만약 이용할 pcap 파일이 없다면 'pcap 포맷으로 패킷 저장' 절에서 사용한 예제 스크립트를 이용해 만들 수 있다.

명령행 인자로부터 매개변수를 파싱해 이를 send_packet() 함수에게 패킷 정보와 함께 전달한다.

리스트 9.6 pcap 파일로부터 저장된 패킷 데이터를 읽어 전송하는 코드

```python
#!/usr/bin/env python
# Python Network Programming Cookbook -- Chapter - 9
# This program is optimized for Python 2.7.
# It may run on any other version with/without modifications.

import argparse
from scapy.all import *

def send_packet(recvd_pkt, src_ip, dst_ip, count):
    """ Send modified packets"""
    pkt_cnt = 0
    p_out = []

    for p in recvd_pkt:
        pkt_cnt += 1
        new_pkt = p.payload
        new_pkt[IP].dst = dst_ip
        new_pkt[IP].src = src_ip
        del new_pkt[IP].chksum
```

```
            p_out.append(new_pkt)
        if pkt_cnt % count == 0:
            send(PacketList(p_out))
            p_out = []

    # Send rest of packet
    send(PacketList(p_out))
    print "Total packets sent: %d" %pkt_cnt

if __name__ == '__main__':
    # setup commandline arguments
    parser = argparse.ArgumentParser(description='Packet Sniffer')
    parser.add_argument('--infile', action="store", dest="infile",
default='pcap1.pcap')
    parser.add_argument('--src-ip', action="store", dest="src_ip",
default='1.1.1.1')
    parser.add_argument('--dst-ip', action="store", dest="dst_ip",
default='2.2.2.2')
    parser.add_argument('--count', action="store", dest="count",
default=100, type=int)
    # parse arguments
    given_args = ga = parser.parse_args()
    global src_ip, dst_ip
    infile, src_ip, dst_ip, count = ga.infile, ga.src_ip, ga.dst_ip,
ga.count
    try:
        pkt_reader = PcapReader(infile)
        send_packet(pkt_reader, src_ip, dst_ip, count)
    except IOError:
        print "Failed reading file %s contents" % infile
        sys.exit(1)
```

이 예제 스크립트는 다음 결과에 보듯이 pcap 포맷의 파일인 pcap1.pcap(다른 파일을 명령행 인자로 지정할 수도 있다)을 읽은 후, 발신 IP 주소를 1.1.1.1로 변경하고, 수신 IP 주소를 2.2.2.2로 각각 변경한 후 패킷을 각각 전송한다. tcpdump 프로그램을 이용해 패킷 전송 상황을 관찰할 수 있다.

```
# python 9_6_replay_traffic.py
...
Sent 3 packets.
Total packets sent 3
----

# tcpdump src 1.1.1.1
tcpdump: verbose output suppressed, use -v or -vv for full protocol
decode
listening on eth0, link-type EN10MB (Ethernet), capture size 65535
bytes
^C18:44:13.186302 IP 1.1.1.1.www > ARennes-651-1-107-2.w2-
2.abo.wanadoo.fr.39253: Flags [P.], seq 2543332484:2543332663, ack
3460668268, win 65535, length 179
1 packets captured
3 packets received by filter
0 packets dropped by kernel
```

예제 분석

이 예제 스크립트는 scapy의 PcapReader()라는 함수를 이용해 pcap1.pcap 파일을 디스크로부터 읽어 패킷 객체의 리스트를 얻는다. 이때 명령행 인자와 함께 전달한다. 명령행 인자가 없는 경우에는 앞 결과에 보듯이 기본 값을 사용한다.

이제 명령행 인자와 패킷 리스트를 send_packet() 함수에 전달해 실행하면, 이 함수는 새롭게 생성한 패킷을 p_out 리스트에 저장하면서 파일로부터 읽어온 패킷들을 처리한다. 동시에 각 패킷의 데이터 부분에 존재하는 발신 IP와 수신 IP 정보를 변경한다. 이와 함께 패킷의 체크섬을 삭제한다. 그 이유는 이 값이 변경 전 IP 주소를 기반으로 하여 생성한 값이기 때문이다.

패킷을 지정한 숫자만큼 p_out 리스트에 모은 후 그 즉시 네트워크를 통해 패킷을 전송한다. 그 수가 명령행 인자로 지정한 count 변수의 값에 도달하면 한꺼번에 네트워크를 통해 전송한다. 마지막에는 모두 전송하고 남은 패킷을 다시 한 번에 모두 전송한다.

브로드캐스트 패킷 탐지

네트워크상에서 일어나는 브로드캐스트를 탐지해야 한다면 이번 예제를 사용할 수 있다. 이 예제를 통해 브로드캐스트 패킷으로부터 정보를 얻는 방법을 배워본다.

자신의 컴퓨터에 있는 네트워크 인터페이스에 도달하는 패킷을 캡처하기 위해 scapy 라이브러리를 이용할 수 있다. 캡처한 각 패킷을 콜백 함수 내에서 처리해 필요한 정보를 얻는다.

리스트 9.7 브로드캐스트 패킷을 탐지하는 코드

```python
#!/usr/bin/env python
# Python Network Programming Cookbook -- Chapter - 9
# This program is optimized for Python 2.7.
# It may run on any other version with/without modifications.

from scapy.all import *
import os
captured_data = dict()

END_PORT = 1000

def monitor_packet(pkt):
    if IP in pkt:
        if not captured_data.has_key(pkt[IP].src):
            captured_data[pkt[IP].src] = []

    if TCP in pkt:
        if pkt[TCP].sport <=  END_PORT:
            if not str(pkt[TCP].sport) in captured_data[pkt[IP].src]:
                captured_data[pkt[IP].src].append(str(pkt[TCP].sport))

    os.system('clear')
    ip_list = sorted(captured_data.keys())
    for key in ip_list:
```

```
        ports=', '.join(captured_data[key])
        if len (captured_data[key]) == 0:
            print '%s' % key
        else:
            print '%s (%s)' % (key, ports)

if __name__ == '__main__':
    sniff(prn=monitor_packet, store=0)
```

이 예제를 실행하면 브로드캐스트 패킷을 전송한 발신 IP와 포트 정보를 볼 수 있다. 다음 결과는 각 IP 주소의 첫 옥텟octet을 일부러 제거한 예다.

```
# python 9_7_broadcast_scanning.py
10.0.2.15
XXX.194.41.129 (80)
XXX.194.41.134 (80)
XXX.194.41.136 (443)
XXX.194.41.140 (80)
XXX.194.67.147 (80)
XXX.194.67.94 (443)
XXX.194.67.95 (80, 443)
```

예제 분석

이 예제는 scapy의 sniff() 함수를 이용해 네트워크상의 브로드캐스트 패킷을 캡처한다. 이 함수는 monitor_packet()이라는 콜백 함수를 지정한다. 이 함수는 캡처한 패킷을 처리하는 작업을 담당한다. 이 함수는 패킷의 프로토콜에 따라(IP 혹은 TCP) captured_data라는 딕셔너리 객체에 패킷들을 정렬한다.

각 패킷의 IP 주소가 이 딕셔너리 객체에 존재하지 않는다면 이 IP 주소를 위해 새로운 항목을 딕셔너리 객체에 생성한다. 아니라면 그 IP 주소의 포트 정보만을 갱신한다. 마지막으로, IP 주소와 포트 정보를 한 줄에 하나씩 출력한다.

찾아보기

에이콘출판의 기틀을 마련하신 故 정완재 선생님 (1935-2004)

acorn+PACKT Technical Book 시리즈

파이썬을 활용한 네트워크 프로그래밍
개발자와 관리자를 위한 효율적인 네트워크 애플리케이션 개발

초판 인쇄 | 2015년 1월 19일
1쇄 발행 | 2017년 4월 19일

지은이 | 파루크 사커
옮긴이 | 박 영 훈

펴낸이 | 권 성 준
편집장 | 황 영 주
편 집 | 나 수 지
         조 유 나
디자인 | 박 주 란

에이콘출판주식회사
서울특별시 양천구 국회대로 287 (목동 802-7) 2층 (07967)
전화 02-2653-7600, 팩스 02-2653-0433
www.acornpub.co.kr / editor@acornpub.co.kr

한국어판 © 에이콘출판주식회사, 2017, Printed in Korea.
ISBN 978-89-6077-643-2
ISBN 978-89-6077-210-6 (세트)
http://www.acornpub.co.kr/book/python-network-programming

이 도서의 국립중앙도서관 출판시도서목록(CIP)은 서지정보유통지원시스템 홈페이지(http://seoji.nl.go.kr)와
국가자료공동목록시스템(http://www.nl.go.kr/kolisnet)에서 이봉하실 수 있습니다.(CIP제어번호: CIP2015001567)

책값은 뒤표지에 있습니다.